FIT FÜR DIE SCHULE

W0301292

Das kann ich!

Rechtschreibung 2. Klasse

von Sonja Reichert
Illustrationen von Guido Wandrey
Coverillustration von Franziska Harvey

TESSLOFF

Vorwort

Liebe/r ____________________,

du möchtest Wortarten unterscheiden können, die besten Rechtschreibtricks kennenlernen und so richtig fit in der Rechtschreibung werden?
Dann ist dieses Heft genau das Richtige für dich!

Du findest hier Aufgaben zu diesen Bereichen:

- **Laute, Buchstaben und Wörter**
- **Lange und kurze Selbstlaute**
- **Das Alphabet**
- **Wortarten**
- **Sätze untersuchen**
- **Rechtschreibtricks**

So arbeitest du mit diesem Übungsheft:

→ Wiederhole mit den vielseitigen **Übungsaufgaben** alle wichtigen Inhalte der 2. Klasse und verbessere deine Rechtschreibung.

→ Auf manchen Seiten findest du am Rand einen kleinen **Lernkasten**. Die **Tipps** darin helfen dir beim Lösen der Aufgaben.

→ Hast du alles richtig? Sieh einfach selbst in den **Lösungen** nach.

→ Für jede bearbeitete Seite kannst du im **Ausmalbild** auf Seite 47 ein Feld ausmalen.

Jetzt bist du richtig fit in der Rechtschreibung.

Viel Spaß und Erfolg!

Inhaltsverzeichnis

Laute, Buchstaben und Wörter

Lange und kurze Selbstlaute

Das Alphabet

Wortarten

Sätze untersuchen

Rechtschreibtricks

Reimwörter finden

1 Welche Wörter reimen sich? Finde das passende Bild und schreibe das Reimwort auf.

! Hören sich zwei Wörter am Ende gleich an, dann reimen sie sich.

Hund

Tuch

Wal

Zopf

Schuh

Kuss

Wand

2 Finde die Reimwörter und schreibe sie auf.

singen	–	ringen	essen	–	m
trinken	–	w	fallen	–	Kn
loben	–	t	gehen	–	st

1 Ergänze den Lückentext. Denke beim Schreiben der Wörter an jeden Buchstaben.

Auf einer  __________ fahren eine  __________ und ein  __________ mit dem  __________ an den Strand. Sie essen ein  __________ mit  __________ und hören  __________. Beim Baden treffen sie ihren Freund, den  __________. Der  __________ würde so gerne das  __________ sehen, in dem seine beiden Freunde leben. Da haben die drei eine verrückte Idee. Am nächsten Tag kommen die  __________ und das  __________ mit einem  __________ angefahren. Den haben sie mit Wasser gefüllt. Die  __________ sitzt auf dem Dach und das  __________ schaut aus dem Fenster heraus. So kann der  __________ einsteigen und gemeinsam fahren sie los, um dem  __________ ihr  __________ zu zeigen.

Zahlwörter

1 Schreibe die passenden Zahlwörter unter die Würfel.

zehn

Silben erkennen

1 Wie viele Silben haben die Wörter?
Verbinde sie mit den passenden Silbenbögen.

! Klatsche beim Sprechen, dann hörst du die Silben.

Sand

Palme

Boot

Meer

Federball

Gewitter

Liegestuhl

Eimer

Muschel

2 Ergänze die Silbenbögen.

Rucksack

Malkasten

Brief

Schaukel

Papagei

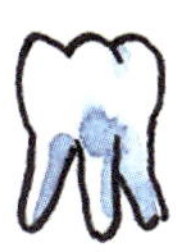

Zahn

Wörter mit Qu/qu

1 Ergänze die fehlenden Buchstaben.

___alle ___ietschen ___etschen

___atsch ___iz

___adrat ___ark

___er

___ieken

> **!** Du sprichst (kw), schreibst aber **Qu/qu**.

2 Erkennst du die Wörter? Trenne sie mit Strichen ab und schreibe sie in die passende Lücke. Achte auf die Groß- und Kleinschreibung.

QUELLEQUALMBEQUEMQUAKENQUARKKAULQUAPPEN

Die Frösche sitzen am See und ______________ die ganze Nacht.

Bevor sie zu einem Frosch werden, leben sie unter Wasser

als ______________________ .

Der Angler am See macht es sich in einem Campingstuhl ____________ .

Opas Lieblingsessen sind Kartoffeln mit ____________ .

Aus einer ____________ fließt Wasser in einen kleinen Bach.

Vom Lagerfeuer steigt dunkler ____________ auf.

1 Findest du die zehn Wörter mit **V/v**? Kreise sie ein.

> **!** Das **V** kann verschieden ausgesprochen werden: (w) oder (f).

V	S	Q	V	E	R	S	U	C	H	V
I	W	A	V	A	T	E	R	M	U	U
E	V	A	M	P	I	R	V	I	E	L
R	A	G	T	N	V	O	G	E	L	K
T	S	U	A	D	R	V	E	R	B	A
V	E	N	T	I	L	Q	L	A	R	N

2 Ordne die Wörter aus Aufgabe 1 zu. Klingen sie am Anfang wie (w) oder wie (f)? Achte auf die Groß- und Kleinschreibung.

(w) 

(f) 

Wörter mit Pf/pf

1 Schreibe die Wörter aus dem Rätselgitter neben das passende Bild.
Achte auf die Groß- und Kleinschreibung.

			K	N	O	P	F					
						F						
					H	Ü	P	F	E	N		
T	O	P	F			T						
		F				Z						
	S	E	E	P	F	E	R	D	C	H	E	N
		I		F								
		L		A	P	F	E	L				
				N								
				N								
				E								

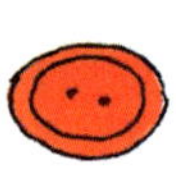

1 Lies die Wörter und schreibe sie auf. Aufgepasst: Du hörst (schp) und schreibst **Sp/sp**. Achte auf die Groß- und Kleinschreibung.

Spirale

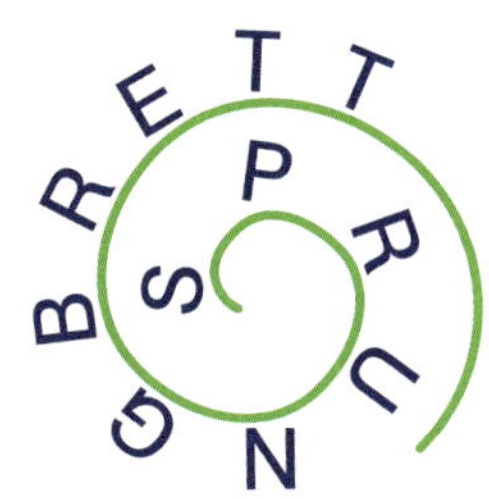

Wörter mit St/st

1 In welchem Wort befindet sich ein **St/st**? Achtung: Du hörst (scht).
Kreise das Bild ein und schreibe das Wort auf.

Stuhl

1 Welche Wörter enden mit **-ch**? Kreise die Bilder ein.
Achtung: Drei bleiben übrig!

2 In welchen Wörtern hörst du ein **-ng**? Kreise die Bilder ein.

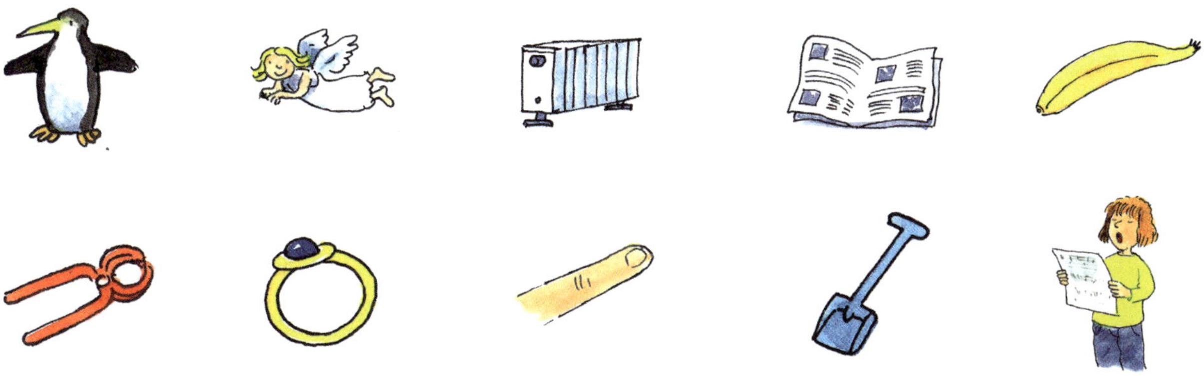

3 Ergänze die fehlenden Buchstaben: **-ch** oder **-ng**.

su__ __en

bri__ __en

Bu__ __

ma__ __en

ju__ __

Dra__ __en

si__ __en

Na__ __t

Ju__ __e

la__ __

Lo__ __

Za__ __e

Wörter mit d/t

1 Ergänze: **d** oder **t**? Schreibe die Wörter in der Mehrzahl auf, dann kannst du die Endungen hören.

 ein Hu t  zwei Hüte

 ein Boo___ 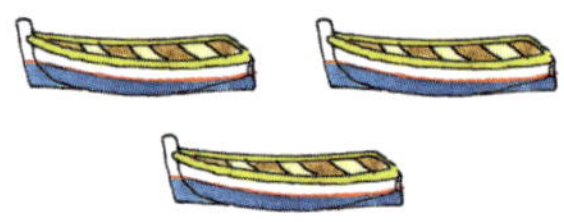 drei ___

 ein Schil___ 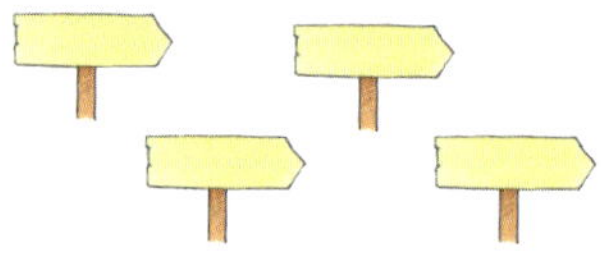 vier ___

 ein Kin___  zwei ___

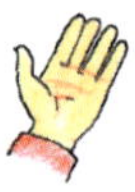 eine Han___ 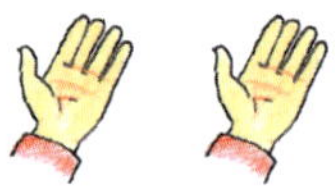 zwei ___

 ein Hun___  drei ___

 ein Klei___  zwei ___

 ein Hef___  vier ___

1 Ergänze: **g** oder **k**? Verlängere zuerst die Wörter.

 die Burgen  die Burg

 die Bän___  die Ban___

 die Köni___  der Köni___

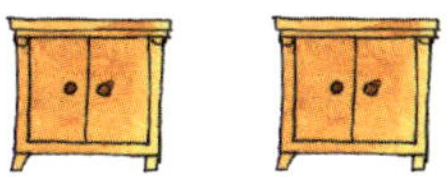 die Schrän___  der Schran___

 die Flugzeu___  das Flugzeu___

 die Zü___  der Zu___

 die Vogelkäfi___  der Vogelkäfi___

 die Geschen___  das Geschen___

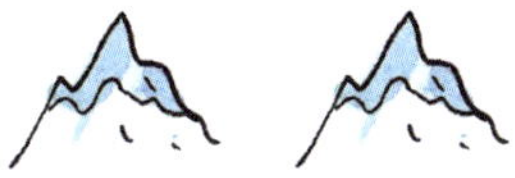 die Ber___  der Ber___

Umlaute und Doppellaute

1 Lies den Text. Kreise alle Umlaute und Doppellaute im Text ein.

> **!** Die Umlaute heißen:
> **Ä/ä**, **Ö/ö** und **Ü/ü**.
> Die Doppellaute heißen:
> **Au/au**, **Äu/äu**, **Ai/ai**,
> **Ei/ei** und **Eu/eu**.

Der Bauer Müller geht heute schon früh in die Scheune. Dort holt er eine Säge und ein Beil, denn er möchte zwei Bäume fällen. Aus dem Holz will er fünf Stühle bauen. Etwas traurig erreicht er mit dem Werkzeug die Bäume. Dort sieht er, dass seine Hängematte noch zwischen den Bäumen hängt. Da beschließt er, sie stehen zu lassen. Er bereitet lieber ein Picknick vor, denn dafür benötigt man ja keine Stühle. Die Bäuerin freut sich sehr und lacht über seine Idee.

2 Ergänze die fehlenden Umlaute.

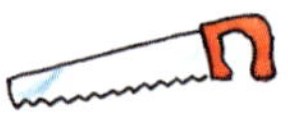 die S ä ge

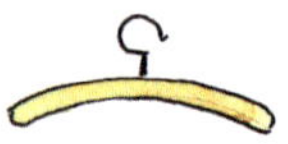 der Kleiderb___gel

 der F___hn

 der Schl___ssel

 der B___r

 die T___rme

 die B___cher

 der L___we

1 Aus **A/a** wird **Ä/ä**. Verbinde die Begriffe, die zusammengehören, und ergänze die fehlenden Buchstaben.

	ein _A_ pfel	viele Bl___tter
	ein Schr___nk	viele B___lle
	ein Bl___tt	viele _Ä_ pfel
	ein R___d	viele N___gel
	ein B___ll	viele Schr___nke
	ein Z___hn	viele R___der
	ein N___gel	viele B___nke
	eine B___nk	viele Z___hne

Aus Au/au wird Äu/äu

! Gibt es ein verwandtes Wort mit **Au/au**, schreibst du **Äu/äu**.

1 Ergänze **Au/au** oder **Äu/äu**.

Heute Nacht hatte ich einen lustigen Tr_au_m. Ich tr_äu_mte,

dass wir mit einer Rakete zum Mond flogen. 

Lisa schaut mit großen ____gen ihre neue Puppe an. Die Puppe kann

ihre ____glein öffnen und schließen. 

Nach dem Essen streichen sich alle über ihre B____che. Papa hat den

dicksten B____ch. 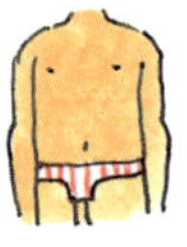

Beim Sportfest gibt es viele L____fer. Jens kann am schnellsten l____fen.

Frederik pflanzt ein kleines B____mchen in den Garten. In zehn Jahren

ist das ein großer B____m. 

Mama sch____mt die Milch auf. Den Sch____m mag Annina am liebsten.

2 Schreibe die verwandten Wörter aus Aufgabe 1 auf. Kreise alle **Au/au** und **Äu/äu** ein.

Au/au	Äu/äu
Traum	träumte

Lange und kurze Selbstlaute hören

1 Ist der Selbstlaut (Vokal) kurz oder lang? Markiere einen langen Selbstlaut mit einem –. Markiere einen kurzen Selbstlaut mit einem •.

Tasse Nase Wanne Pudel
Bett Kanne Boden
Besen
Kissen Fluss Blume Glas

2 Schreibe die Wörter aus Aufgabe 1 in das richtige Haus.

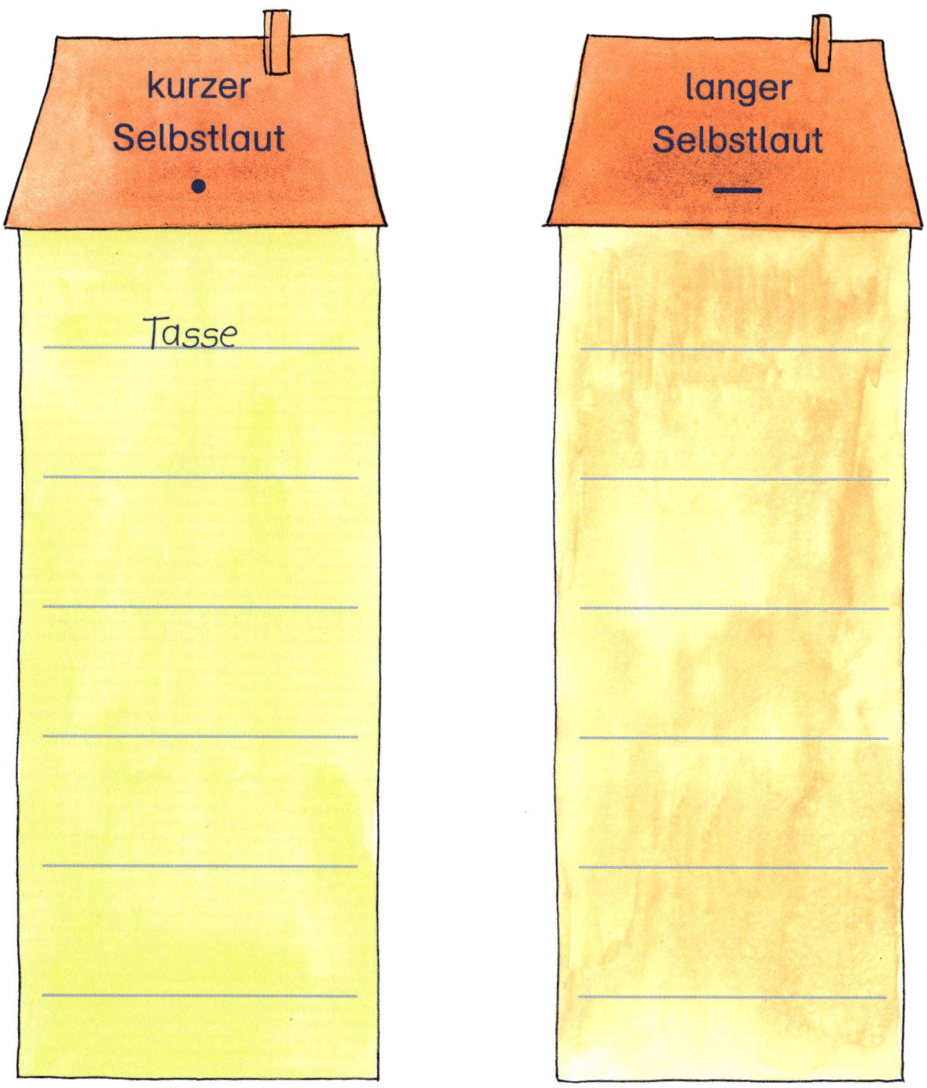

Wörter mit Dehnungs-h

1 Kannst du das Rätsel lösen?

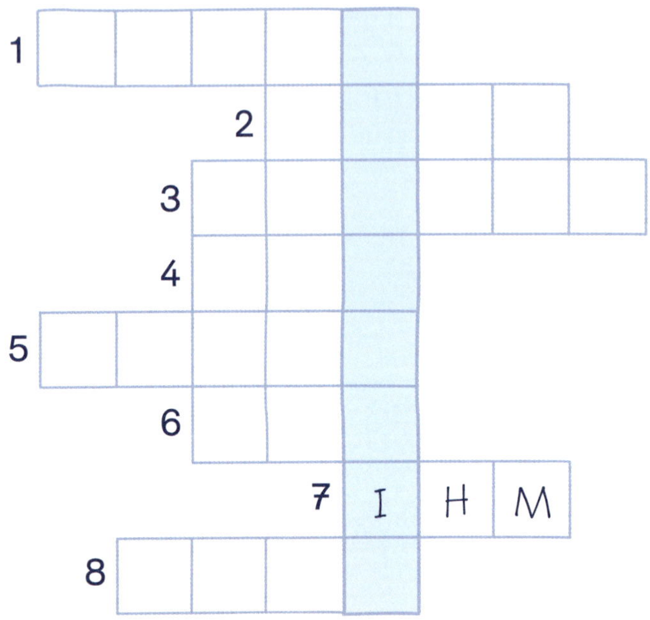

1 Auf diesem Möbelstück kannst du sitzen.

2 Diese Zahl kommt vor elf.

3 Mit diesem Werkzeug machst du Löcher in die Wände.

4 Mit diesem Organ kannst du hören.

5 Du hast sie im Mund und zerkleinerst damit das Essen.

6 Sie tickt und zeigt dir, wie spät es ist.

7 Das ist Tims Buch. Gibst du es ...?

8 Dieses Tier legt Eier und gackert.

1 Schreibe die Wörter auf. Achte auf das **ie**.

 Biene

2 Schreibe die Wörter in die richtigen Kästchen.

Tiere Zwiebel Schiene Ziege Klavier Brief ~~Knie~~ viel spielen

K n i e

Wörter mit aa, ee, oo

1 Lies die Fantasiegeschichte. Setze die passenden Wörter in die Lücken ein. Kreise alle **Aa**, **aa**, **ee** oder **oo** ein.

Boot Beeren See Fee Moos Waage Moos
~~Fee~~ Aal Beeren Haar doof Beeren

Im Wald lebt Fiffi, die Fee_____, an einem schönen __________ mit hellblauem Wasser. Jeden Morgen wacht sie auf weichem, grünem __________ auf, wenn der erste Sonnenstrahl ihre Nase kitzelt. Sie kämmt sich das __________ und frühstückt einige leckere __________. Dann besucht sie ihren Freund Anton, den __________, und isst mit ihm noch mehr __________. Irgendwann hat sie so viel gegessen, dass sie nicht mehr fliegen kann und das __________ nehmen muss. Abends, bevor sie sich mit dickem Bauch hinlegt, steigt sie auf die __________. Erschrocken merkt Fiffi, die __________, dass sie doppelt so viel wiegt wie normalerweise. Das ist ja __________, denkt sie sich müde. Morgen sollte ich weniger __________ essen. Aber als sie bei Sonnenaufgang auf dem __________ wieder wach wird, hat sie das schon wieder vergessen.

Wörter mit doppelten Mitlauten

1 Ergänze in dem Text die fehlenden doppelten Mitlaute (Konsonanten).

> **!** Auf einen kurz gesprochenen Selbstlaut (Vokal) folgen häufig doppelte Mitlaute.

Der Zoodirektor fährt am Mi_t_ _t_wochmorgen zu seiner Arbeit in den Zoo. Als er anko__ __t, traut er seinen Augen nicht. A__ __e Schlö__ __er an den Gi__ __ern sind o__ __en. Was er da a__ __es beobachten ka__ __:

Der Wi__ __er spielt Fußba__ __.

Der Elefant fri__ __t eine do__ __elte Portion Po__ __es.

Der Mäusebu__ __ard fliegt einen Looping nach dem anderen am Hi__ __el.

Das Lama re__ __t mit dem La__ __ um die We__ __e und die Kla__ __erschlange kriecht auf den So__ __enschirm.

„Wie ko__ __te das nur pa__ __ieren?“, fragt sich der Zoodirektor. Da entdeckt er Aluis, den A__ __en, der lachend auf dem Bru__ __en sitzt. Er hält die Schlü__ __el in seiner Hand.

Wörter mit tz

1 Erkennst du die Wörter? Schreibe sie auf.

blitzen

Satz

spitz

Katze

flitzen

Netz

2 Ergänze die fehlenden Wörter.

schwitzenWitzkitzeligHitzeschmutzigTatzeputzenSpatz

Die ____________ des Hundes ist ____________.

Der ____________ sitzt auf Opas Hand.

Tabea und Paul ____________ den Roller.

Otto erzählt Anton einen lustigen ____________.

Bist du ____________?

Wir ____________ bei großer ____________.

Wörter mit ck

1 Finde alle Wörter mit **ck** und kreise sie ein.

dick kochen Kinder Fackel kalt backen
Klasse Versteck Ecke Baustelle
Kopf liegen Schnecke Frühstück Insekten
markieren Dackel Zucker
knurren
Tag stark Kristine einkaufen Stecker

2 Schreibe die eingekreisten Wörter aus Aufgabe 1 auf
und kreise alle **ck** ein.

Das Alphabet üben

1 Ergänze die Buchstaben und vervollständige das Alphabet.

2 Zu welchem Farbeimer gehören die Buchstaben? Male die Kleckse in der richtigen Farbe an.

Nach dem Alphabet ordnen

1 Ordne die Namen nach dem Abc. Schreibe sie auf.

Milla, Fritz, Alfons, Greta, Carlo, Yannik, Elena, Selma, Ramona, Tarek

1. ______ 6. ______
2. ______ 7. ______
3. ______ 8. ______
4. ______ 9. ______
5. ______ 10. ______

2 Ordne die Wörter nach dem Alphabet. Schreibe dafür die Zahlen 1 bis 4 in die Felder.

! Achte auf den zweiten Buchstaben.

☐	Hose	☐	lesen
☐	Hut	☐	lachen
☐	Hemd	☐	lieben
☐	Hausschuhe	☐	lutschen

☐	rund	☐	Kirschen
☐	rot	☐	Karotten
☐	rau	☐	Kuchen
☐	rechteckig	☐	Knoblauch

Nomen erkennen

1 Erkennst du die Nomen (Namenwörter)? Trenne sie mit Strichen und schreibe sie auf.

! **Nomen** schreibst du mit einem großen Anfangsbuchstaben.

Nashorn

2 Nomen bezeichnen Tiere, Pflanzen, Dinge oder Personen.
Unterstreiche die Wörter in Aufgabe 1 mit der passenden Farbe.

- Tiere
- Pflanzen
- Dinge
- Personen

Zusammengesetzte Nomen

1 Bilde zusammengesetzte Nomen. Schreibe sie auf.

Regen

~~Wolke~~ Tonne

Bogen

Tropfen Schirm

Wasser

Farbe Ball

Fall

Schlauch Glas

Regenwolke

2 Aus welchen zwei Nomen besteht das Wort? Schreibe sie mit ihren Artikeln (Begleitern) auf.

 der Taucher + die Brille

 ______ + ______

 ______ + ______

Wortbausteine

1 Bilde neue Wörter mit den Wortbausteinen. Schreibe sie auf.

sagen | lesen

vor-

stellen | gehen

vorsagen

schenken | kaufen

ver-

lassen | rechnen

stellen | nehmen

weg-

lassen | gehen

decken | laufen

ent-

scheiden | laden

1 Finde die Reimwörter und schreibe sie auf. Kreise die Endungen **-el** oder **-er** ein.

Rüssel	Segel
Schl__________	K__________

Butter	Schnabel
F__________	K__________

Keller	Leiter
T__________	R__________

2 Schreibe die Wörter auf. Denke an die Endungen **-el** und **-er**. Kreise sie ein.

Bestimmter und unbestimmter Artikel

1 Ordne die Nomen (Namenwörter) den passenden bestimmten Artikeln (Begleitern) zu.

~~Ball~~	Traktor	Mütze	Stamm	Huhn
Fahrrad	Pferd	Katze	Maus	

der: der Ball

die:

das:

2 Ordne die Nomen den passenden unbestimmten Artikeln zu.

ein: ein Ball

eine:

1 Schreibe die Nomen (Namenwörter) in der Einzahl und in der Mehrzahl auf.

Einzahl:	**Mehrzahl:**
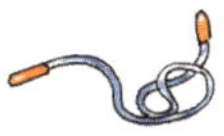 ein Springseil	vier Springseile
 ______	drei ______
 ______	fünf ______
 ______	acht ______
 ______	zwei ______
 ______	viele ______
 ______	viele ______
 ______	viele ______

Verben

1 Finde zu jedem Satz das passende Verb (Tunwort) in der Grundform. Kreise die Verben in den Sätzen ein.

Justus töpfert eine Vase.	basteln
Kim malt mit Wasserfarbe.	backen
Bettina wirft einen roten Ball zu Emma.	töpfern
Ich bastle mit Milla Laternen.	singen
Du trinkst eine heiße Schokolade.	malen
Enja backt einen Erdbeerkuchen.	werfen
Ihr singt mit der Klasse 2b im Chor.	trinken
Er lacht über Mias Witz.	haben
Wer hat diese Woche Tafeldienst?	lachen

1 Ergänze die passenden Verben (Tunwörter) in der richtigen Form.

~~machen~~	arbeiten	füttern
schlafen	leben	bellen
reiten	verstecken	fegen

! Verben verändern ihre Form, je nachdem, wer etwas tut.

Heute machen wir einen Ausflug auf den Bauernhof. Dort ____________ viele Menschen und Tiere. Bauer Paul ____________ auf seinem Pferd übers Feld. Die Kinder ____________ sich im Stroh. Ich ____________ den Hühnerstall. Albert ____________ die Kühe. Bei der Ernte ____________ viele Menschen mit. Der Hund ____________ laut, doch die Katze ____________ friedlich auf der Fensterbank. Wir sind gerne bei Bauer Paul zu Besuch.

2 Trage die Verben in der richtigen Form ein.

schreiben	hüpfen	tanzen
ich	du	ich
sie	er	ihr
wir	ihr	wir

Adjektive verändern sich

1 Ergänze die Adjektive (Wiewörter). Achte auf die passende Form.

~~hell~~gelbspitzleichtstacheligschnellgrünsüßrundlangsam

 der helle Stern

 das ____________ Blatt

 die ____________ Schnecke

 die ____________ Feder

 der ____________ Igel

 das ____________ Haus

 der ____________ Pfeil

 das ____________ Auto

 der ____________ Lutscher

 der ____________ Ball

Adjektive steigern

1 Verbinde die Steigerungsstufen, die zusammengehören.

schön	witziger	am höchsten
hoch	besser	am schönsten
nett	schöner	am besten
gut	netter	am größten
groß	höher	am witzigsten
witzig	größer	am nettesten

2 Ergänze die fehlenden Steigerungsstufen.

Ich finde Äpfel lecker.

Malte findet Birnen leckerer.

Mama findet Bananen ____________________.

Vera ist groß.

Mathilda ist ____________________.

Angela ist ____________________.

Rosen duften gut.

Nelken duften ____________________.

Narzissen duften ____________________.

Sätze bilden

1 Erwürfle dir lustige Quatschsätze. Schreibe sie auf.

	1. Wurf		2. Wurf	
Der Astronaut		buddelt		auf dem Baum.
Die Schnecke		schläft		in der Badewanne.
Der Clown		singt		im Weltraum.
Leo Löwe		kocht		auf der Bergspitze.
Das Auto		springt		im Gemüsebeet.
Opa Paul		schaukelt		im Indianerzelt.

1 Erzähle etwas über dich. Ergänze die fehlenden Fragewörter und beantworte die Fragen in ganzen Sätzen.

Wann?	Wo?	Welche?
~~Wie?~~	Wer?	

Wie heißt du?

____

_______ hast du Geburtstag?

____

_______ wohnst du?

____

_______ sitzt in der Schule neben dir?

____

_______ Tiere magst du am liebsten?

____

Satzarten unterscheiden

2 Ergänze die richtigen Satzzeichen **?**, **!** oder **.**.

Ein Elefant, ein Pelikan und eine Maus treffen sich auf einem Hügel, um gemeinsam zu spielen. Doch welches Spiel könnten sie spielen__ Der Elefant hat eine Idee: „Der Lauteste gewinnt__“ Und schon trötet er los__ Der Pelikan hält sich die Ohren zu und sagt: „Wer soll das denn aushalten__ Sei bitte still__“ Der Pelikan hat eine bessere Idee: „Wer länger auf einem Bein stehen kann, der gewinnt__“ Die Maus kippt immer zur Seite, wenn sie ihre drei Beine hochhebt__ Davon wird sie ganz müde__ „Wartet bitte einen Moment__“, piepst die Maus. Welches Spiel die Maus wohl vorschlagen könnte__ „Wer am längsten die Augen geschlossen halten kann, der gewinnt__“ Als die Maus am nächsten Tag alleine auf dem Hügel aufwacht, ruft sie: „Hurra, gewonnen__“

Im Wörterbuch nachschlagen

1

G

geben, er gibt
gehen, er geht
gelb
das **Geld**, die Gelder
das **Gemüse**
das **Gesicht**, die Gesichter
gestern
das **Gras**, die Gräser
groß, größer, am größten
grün
gut, besser, am besten

H

die **Haare**
haben, er hat
der **Hals**, die Hälse
halten, er hält
die **Hand**, die Hände
das **Haus**, die Häuser
heiß, heißer, am heißesten
hell, heller, am hellsten
das **Hemd**, die Hemden
der **Herbst**
heute
die **Hexe**, die Hexen
hören, er hört
die **Hose**, die Hosen
hundert

Finde alle Adjektive (Wiewörter) beim Buchstaben **H** und schreibe sie mit ihren Steigerungsformen auf.

Welche Nomen (Namenwörter) findest du beim Buchstaben **G**? Schreibe sie in der Einzahl mit Artikel (Begleiter) auf.

Welche Verben (Tunwörter) findest du beim Buchstaben **H**? Schreibe sie in der Grundform auf.

Richtig abschreiben

1 Ergänze die fehlenden Wörter. Merke dir die schwierigen Stellen und schreibe die Wörter aus dem Gedächtnis auf. Kontrolliere, ob du alles richtig geschrieben hast.

~~geht~~	Jahrmarkt	Gespenst	Geisterbahn
Kurve	groß	fahren	
erschrickt	fürchtet		Zuckerwatte

Paul geht mit seiner Schwester Clara auf den ______________.

Zuerst kaufen sie sich leckere ______________. Dann überredet Paul seine Schwester, Karten für die ______________ zu kaufen. Sie steigen in einen Wagen und ______________ hinein. Es ist dunkel und Clara ______________ sich ein bisschen. Nach einer ______________ steht plötzlich ein ______________ vor ihnen. Clara ______________ und schreit laut auf. Da muss Paul lachen: „Das war doch gar nicht schlimm! Wenn ich ______________ bin, will ich auch ein Gespenst werden!“

Seite 4

1 Hund – Mund, Tuch – Buch, Wal – Schal, Zopf – Topf, Schuh – Kuh, Kuss – Nuss, Wand – Hand

2 winken, toben, messen, knallen, stehen

Seite 5

1 Auf einer **Insel** fahren eine **Maus** und ein **Kamel** mit dem **Auto** an den Strand. Sie essen ein **Eis** mit **Schokolade** und hören **Radio**. Beim Baden treffen sie ihren Freund, den **Wal**. Der **Wal** würde so gerne das **Haus** sehen, in dem seine beiden Freunde leben. Da haben die drei eine verrückte Idee. Am nächsten Tag kommen die **Maus** und das **Kamel** mit einem **Bus** angefahren. Den haben sie mit Wasser gefüllt. Die **Maus** sitzt auf dem Dach und das **Kamel** schaut aus dem Fenster heraus. So kann der **Wal** einsteigen und gemeinsam fahren sie los, um dem **Wal** ihr **Haus** zu zeigen.

Seite 6

1  zehn  fünf  zwei

 eins  drei  vier

 neun  acht  sechs

 sieben  zwölf

Seite 7

1 eine Silbe: Meer, Boot
zwei Silben: Palme, Eimer, Muschel
drei Silben: Federball, Gewitter, Liegestuhl

2 Rucksack, Malkasten, Brief,

Schaukel, Papagei, Zahn

Seite 8

1 **Qu**alle, **qu**ietschen, **qu**etschen, **Qu**atsch, **Qu**iz, **Qu**adrat, **Qu**ark, **qu**ieken, **qu**er

2 Die Frösche sitzen am See und **quaken** die ganze Nacht.
Bevor sie zu einem Frosch werden, leben sie unter Wasser als **Kaulquappen**.
Der Angler am See macht es sich in einem Campingstuhl **bequem**.
Opas Lieblingsessen sind Kartoffeln mit **Quark**.
Aus einer **Quelle** fließt Wasser in einen kleinen Bach.
Vom Lagerfeuer steigt dunkler **Qualm** auf.

Seite 9

1

V	S	Q	V	E	R	S	U	C	H	V
I	W	A	V	A	T	E	R	M	U	U
E	V	A	M	P	I	R	V	I	E	L
R	A	G	T	N	V	O	G	E	L	K
T	S	U	A	D	R	V	E	R	B	A
V	E	N	T	I	L	Q	L	A	R	N

2  Vulkan, Vampir, Verb, Vase, Ventil

 Versuch, vier, Vater, viel, Vogel

Seite 10

1 Apfel, Knopf, Pfeil, Seepferdchen, Topf, Pfütze, Pfanne, hüpfen

Seite 11

1 spazieren, Spielzeug, Hochsprung, spannend, Anspitzer, sparen, Sprungbrett

Seite 12

1 Stift, Stern, Stein, Storch, Stiefel

Seite 13

1 

2 

3 su**ch**en, bri**ng**en, Bu**ch**, ma**ch**en, ju**ng**, Dra**ch**en, si**ng**en, Na**ch**t, Ju**ng**e, la**ng**, Lo**ch**, Za**ng**e

Seite 14

1 ein Boo**t** – drei Boo**t**e, ein Schil**d** – vier Schil**d**er, ein Kin**d** – zwei Kin**d**er, eine Han**d** – zwei Hän**d**e, ein Hun**d** – drei Hun**d**e, ein Klei**d** – zwei Klei**d**er, ein Hef**t** – vier Hef**t**e

Lösungen Rechtschreibung

Seite 15

1 die Bän**k**e – die Ban**k**, die Köni**g**e – der Köni**g**, die Schrän**k**e – der Schran**k**, die Flugzeu**g**e – das Flugzeu**g**, die Zü**g**e – der Zu**g**, die Vogelkäfi**g**e – der Vogelkäfi**g**, die Geschen**k**e – das Geschen**k**, die Ber**g**e – der Ber**g**

Seite 16

1 Der B**au**er M**ü**ller geht h**eu**te schon fr**ü**h in die Sch**eu**ne. Dort holt er **ei**ne S**ä**ge und **ei**n B**ei**l, denn er m**ö**chte zw**ei** B**äu**me f**ä**llen. **Au**s dem Holz will er f**ü**nf St**ü**hle b**au**en. Etwas tr**au**rig err**ei**cht er mit dem Werkz**eu**g die B**äu**me. Dort sieht er, dass s**ei**ne H**ä**ngematte noch zwischen den B**äu**men h**ä**ngt. Da beschließt er, sie stehen zu lassen. Er ber**ei**tet lieber **ei**n Picknick vor, denn daf**ü**r ben**ö**tigt man ja k**ei**ne St**ü**hle. Die B**äu**erin fr**eu**t sich sehr und lacht **ü**ber s**ei**ne Idee.

2 der Kleiderb**ü**gel, der F**ö**hn, der Schl**ü**ssel, der B**ä**r, die T**ü**rme, die B**ü**cher, der L**ö**we

Seite 17

1 ein Schr**a**nk – viele Schr**ä**nke, ein Bl**a**tt – viele Bl**ä**tter, ein R**a**d – viele R**ä**der, ein B**a**ll – viele B**ä**lle, ein Z**a**hn – viele Z**ä**hne, ein N**a**gel – viele N**ä**gel, eine B**a**nk – viele B**ä**nke

Seite 18

1 Heute Nacht hatte ich einen lustigen Tr**au**m. Ich tr**äu**mte, dass wir mit einer Rakete zum Mond flogen.
Lisa schaut mit großen **Au**gen ihre neue Puppe an. Die Puppe kann ihre **Äu**glein öffnen und schließen.
Nach dem Essen streichen sich alle über ihre B**äu**che. Papa hat den dicksten B**au**ch.
Beim Sportfest gibt es viele L**äu**fer. Jens kann am schnellsten l**au**fen.
Frederik pflanzt ein kleines B**äu**mchen in den Garten. In zehn Jahren ist das ein großer B**au**m.
Mama sch**äu**mt die Milch auf. Den Sch**au**m mag Annina am liebsten.

2 Augen – Äuglein, Bauch – Bäuche, laufen – Läufer, Baum – Bäumchen, Schaum – schäumt

Seite 19

1 Nase, Wanne, Pudel, Bett, Kanne, Besen, Boden, Kissen, Fluss, Blume, Glas

2

kurzer Selbstlaut •	langer Selbstlaut —
Tasse	Nase
Wanne	Pudel
Bett	Besen
Kanne	Boden
Kissen	Blume
Fluss	Glas

Seite 20

1

1	S	T	U	H	L			
			2	Z	E	H	N	
		3	B	O	H	R	E	R
		4	O	H	R			
5	Z	Ä	H	N	E			
		6	U	H	R			
				7	I	H	M	
	8	H	U	H	N			

Seite 21

1 Spiegel, Wiege, Fliege, Stiefel, vier

2 Knie, Ziege, Brief, Schiene, viel, Tiere, Klavier, Zwiebel, spielen

Seite 22

1 Im Wald lebt Fiffi, die **Fee**, an einem schönen **See** mit hellblauem Wasser. Jeden Morgen wacht sie auf weichem, grünem **Moos** auf, wenn der erste Sonnenstrahl ihre Nase kitzelt. Sie kämmt sich das **Haar** und frühstückt einige leckere **Beeren**. Dann besucht sie ihren Freund Anton, den **Aal**, und isst mit ihm noch mehr **Beeren**. Irgendwann hat sie so viel gegessen, dass sie nicht mehr fliegen kann und das **Boot** nehmen muss. Abends, bevor sie sich mit dickem Bauch hinlegt, steigt sie auf die **Waage**. Erschrocken merkt Fiffi, die **Fee**, dass sie doppelt so viel wiegt wie normalerweise. Das ist ja **doof**, denkt sie sich müde. Morgen sollte ich weniger **Beeren** essen. Aber als sie bei Sonnenaufgang auf dem **Moos** wieder wach wird, hat sie das schon wieder vergessen.

Seite 23

1 Der Zoodirektor fährt am Mi**tt**wochmorgen zu seiner Arbeit in den Zoo. Als er anko**mm**t, traut er seinen Augen nicht. A**ll**e Schlö**ss**er an den Gi**tt**ern sind o**ff**en. Was er da a**ll**es beobachten ka**nn**: Der Wi**dd**er spielt Fußba**ll**. Der Elefant fri**ss**t eine do**pp**elte Portion Po**mm**es. Der Mäusebu**ss**ard fliegt einen Looping nach dem anderen am Hi**mm**el. Das Lama re**nn**t mit dem La**mm** um die We**tt**e und die Kla**pp**erschlange kriecht auf den So**nn**enschirm. „Wie ko**nn**te das nur pa**ss**ieren?“, fragt sich der Zoodirektor. Da entdeckt er Aluis, den A**ff**en, der lachend auf dem Bru**nn**en sitzt. Er hält die Schlü**ss**el in seiner Hand.

Seite 24

1 blitzen, Satz, spitz, Katze, flitzen, Netz

2 Die **Tatze** des Hundes ist **schmutzig**. Der **Spatz** sitzt auf Opas Hand. Tabea und Paul **putzen** den Roller. Otto erzählt Anton einen lustigen **Witz**. Bist du **kitzelig**? Wir **schwitzen** bei großer **Hitze**.

Seite 25

1/2 dick, Fackel, backen, Versteck, Ecke, Schnecke, Frühstück, Dackel, Zucker, Stecker

Seite 26

1

2  B C D E  H I J K L

 O P Q R S  V W X Y

Seite 27

1 1. Alfons, 2. Carlo, 3. Elena, 4. Fritz, 5. Greta, 6. Milla, 7. Ramona, 8. Selma, 9. Tarek, 10. Yannik

2 1: Hausschuhe, 2: Hemd, 3: Hose, 4: Hut
1: lachen, 2: lesen, 3: lieben, 4: lutschen
1: rau, 2: rechteckig, 3: rot, 4: rund
1: Karotten, 2: Kirschen, 3: Knoblauch, 4: Kuchen

Seite 28

1/2 Nashorn, Moos, Stuhl, Onkel, Tisch, Mädchen, Frosch, Tanne

Seite 29

1 Regentonne, Regenbogen, Regentropfen, Regenschirm
Wasserfarbe, Wasserball, Wasserfall, Wasserschlauch, Wasserglas

2 der Fuß + der Ball, der Regen + der Bogen

Seite 30

1 vor-: vorlesen, vorstellen, vorgehen
ver-: verschenken, verkaufen, verlassen, verrechnen
weg-: wegstellen, wegnehmen, weglassen, weggehen
ent-: entdecken, entlaufen, entscheiden, entladen

Seite 31

1 Rüssel – Schlüssel, Segel – Kegel, Butter – Futter, Schnabel – Kabel, Keller – Teller, Leiter – Reiter

2 Gürtel, Igel, Hammer, Spiegel, Tiger, Vogel, Ordner, Anspitzer

Seite 32

1 der: der Traktor, der Stamm
die: die Mütze, die Katze, die Maus
das: das Huhn, das Fahrrad, das Pferd

2 ein: ein Traktor, ein Stamm, ein Huhn, ein Fahrrad, ein Pferd
eine: eine Mütze, eine Katze, eine Maus

Seite 33

1 eine Puppe – drei Puppen, ein Flugzeug – fünf Flugzeuge, eine Murmel – acht Murmeln, eine Trommel – zwei Trommeln, eine Schaufel – viele Schaufeln, ein Auto – viele Autos, ein Helm – viele Helme

Lösungen

Seite 34

1

Seite 35

1 Heute **machen** wir einen Ausflug auf den Bauernhof. Dort **leben** viele Menschen und Tiere. Bauer Paul **reitet** auf seinem Pferd übers Feld. Die Kinder **verstecken** sich im Stroh. Ich **fege** den Hühnerstall. Albert **füttert** die Kühe. Bei der Ernte **arbeiten** viele Menschen mit. Der Hund **bellt** laut, doch die Katze **schläft** friedlich auf der Fensterbank. Wir sind gerne bei Bauer Paul zu Besuch.

2 schreiben: ich schreibe, sie schreibt/sie schreiben, wir schreiben
hüpfen: du hüpfst, er hüpft, ihr hüpft
tanzen: ich tanze, ihr tanzt, wir tanzen

Seite 36

1 das **grüne** Blatt, die **langsame** Schnecke, die **leichte** Feder, der **stachelige** Igel, das **gelbe** Haus, der **spitze** Pfeil, das **schnelle** Auto, der **süße** Lutscher, der **runde** Ball

Seite 37

1 hoch – höher – am höchsten, nett – netter – am nettesten, gut – besser – am besten, groß – größer – am größten, witzig – witziger – am witzigsten

2 Ich finde Äpfel lecker. Malte findet Birnen leckerer. Mama findet Bananen **am leckersten**. Vera ist groß. Mathilda ist **größer**. Angela ist **am größten**.

Rosen duften gut. Nelken duften **besser**. Narzissen duften **am besten**.

Seite 39

1 So setzt du die Fragewörter richtig ein: **Wann** hast du Geburtstag?, **Wo** wohnst du?, **Wer** sitzt in der Schule neben dir?, **Welche** Tiere magst du am liebsten?

Seite 40

2 Ein Elefant, ein Pelikan und eine Maus treffen sich auf einem Hügel, um gemeinsam zu spielen. Doch welches Spiel könnten sie spielen? Der Elefant hat eine Idee: „Der Lauteste gewinnt." Und schon trötet er los. Der Pelikan hält sich die Ohren zu und sagt: „Wer soll das denn aushalten? Sei bitte still!" Der Pelikan hat eine bessere Idee: „Wer länger auf einem Bein stehen kann, der gewinnt." Die Maus kippt immer zur Seite, wenn sie ihre drei Beine hochhebt. Davon wird sie ganz müde. „Wartet bitte einen Moment!", piepst die Maus. Welches Spiel die Maus wohl vorschlagen könnte? „Wer am längsten die Augen geschlossen halten kann, der gewinnt." Als die Maus am nächsten Tag alleine auf dem Hügel aufwacht, ruft sie: „Hurra, gewonnen!"

Seite 41

1 Adjektive beim Buchstaben **H**: heiß – heißer – am heißesten, hell – heller – am hellsten
Nomen mit dem Buchstaben **G**: das Geld, das Gemüse, das Gesicht, das Gras
Verben beim Buchstaben **H**: haben, halten, hören

Seite 42

1 Paul geht mit seiner Schwester Clara auf den **Jahrmarkt**. Zuerst kaufen sie sich leckere **Zuckerwatte**. Dann überredet Paul seine Schwester, Karten für die **Geisterbahn** zu kaufen. Sie steigen in einen Wagen und **fahren** hinein. Es ist dunkel und Clara **fürchtet** sich ein bisschen. Nach einer **Kurve** steht plötzlich ein **Gespenst** vor ihnen. Clara **erschrickt** und schreit laut auf. Da muss Paul lachen: „Das war doch gar nicht schlimm! Wenn ich **groß** bin, will ich auch ein Gespenst werden!"

Für jede Seite, die du im Heft bearbeitet hast, kannst du hier ein Feld ausmalen! Wenn dein Bild fertig ist, bist du richtig fit in der Rechtschreibung.

Viel Spaß beim Ausmalen!

- 4–12
- 13–17
- 18–23
- 24–29
- 30–37
- 38–39
- 40–42

FiT FÜR DIE SCHULE

Das kann ich!

88 Diktate 2. Klasse

von Andrea Essers
Illustrationen von Guido Wandrey
Coverillustration von Franziska Harvey

TESSLOFF

Vorwort

Liebe/r ______________________,

richtig schreiben kann man lernen!

Um sicher in der Rechtschreibung zu werden, braucht es vor allem **Übung**.
Mit den vorliegenden Diktaten kannst du deine Rechtschreibfertigkeiten **leicht trainieren**.
Jedes Diktat behandelt ein spezielles Rechtschreibthema. Die ausgewählten Lerninhalte sind dabei genau auf den Lehrplan und somit auf die Erfordernisse der 2. Klasse abgestimmt.

So arbeitest du mit diesem Übungsheft:

→ Im **Inhaltsverzeichnis** sind die Diktate nach ihren Übungsschwerpunkten aufgeführt, sodass du leicht das passende Diktat finden kannst.

→ Im Kapitel **Tipps für Eltern und Schüler** gibt es viele nützliche Informationen zum richtigen Diktieren und Diktate schreiben für deine Eltern und dich.

→ Auf den Diktatseiten sind die Rechtschreibregeln in den blauen **Lernkästen** kurz und verständlich zusammengefasst und mit Beispielen verdeutlicht.

→ Alle **Lernwörter** eines Rechtschreibthemas sind im Diktattext grün markiert.

→ **Schwierige Wörter** sind unterstrichen und können buchstabiert werden.

→ Die **Längsstriche** gliedern die Texte in Diktierabschnitte und markieren die Sprechpausen.

So kannst du das Anwenden von Rechtschreibregeln **üben**, bereits erworbene Kenntnisse **vertiefen** und dir Ausnahmen einzeln **einprägen**.

Viel Spaß und Erfolg!

Inhaltsverzeichnis

Schreiben üben – aber richtig!

Rechtschreibung richtig üben

Das Ziel dieses Rechtschreibtrainings ist es, die Rechtschreibfertigkeiten Ihres Kindes Schritt für Schritt zu verbessern. Denn richtig schreiben kann man lernen! Diktate sind eine gute Möglichkeit, Rechtschreibregeln zu **üben**, Rechtschreibtricks zu **trainieren** und Gelerntes zu **festigen**. Sie helfen dabei, die individuellen Fehlerschwerpunkte Ihres Kindes herauszufinden und gezielt darauf einzugehen.

Diktate sind allerdings nur eine Übungsform unter vielen. Je abwechslungsreicher das Rechtschreibtraining gestaltet wird, desto mehr Spaß macht es und desto motivierter ist Ihr Kind bei der Sache.

Hauptsache abwechslungsreich!

Diktate kann man auf unterschiedliche Weise üben. Damit sich Ihr Kind an die Diktierweise in der Schule gewöhnt, können Sie die Diktatsituation mit ihm zu Hause üben. Wenn Sie einen Text auf die gleiche Weise diktieren, wie es auch in der Schule üblich ist, unterstützen Sie Ihr Kind dabei, sicherer beim Schreiben von Diktaten zu werden und Ängste abzubauen. Aber es gibt auch alternative Diktatformen, mit denen Sie das Üben abwechslungsreich gestalten können:

Laufdiktat: Ihr Kind liest sich das Diktat genau durch und legt den Diktattext dann an einen vom Schreibplatz etwas entfernten Ort. Ihr Kind läuft dorthin, merkt sich die ersten Wörter, kehrt zu seinem Platz zurück und schreibt sie auf. Dann läuft es wieder zum Diktattext, merkt sich die nächsten Wörter usw. Zum Schluss liest sich das Kind den Text noch einmal durch und vergleicht ihn mit der Vorlage.

Dosendiktat: Ihr Kind liest sich das Diktat durch und schreibt den Text ab. Dann schneidet es die einzelnen Sätze aus und legt die Papierstreifen in der richtigen Reihenfolge vor sich hin. Nun liest es den ersten Satz durch, wirft den Streifen in die Dose und schreibt den Satz auswendig auf. Streifen für Streifen geht es so weiter. Am Ende liest sich Ihr Kind alles noch einmal durch und vergleicht den Text mit der Vorlage.

Eigendiktat: Ihr Kind liest sich den Text einmal durch. Dann deckt es den Text mit einem Papier ab, sodass nur die erste Zeile zu sehen ist. Das Kind merkt sich die Wörter und schreibt sie auf. So geht es Zeile für Zeile vor, bis es den ganzen Diktattext einmal geschrieben hat. Anschließend liest es sich den Text noch einmal durch und vergleicht ihn mit der Vorlage.

Zu Hause Diktate üben

Allgemeine Tipps

→ Am besten übt es sich in ruhiger und entspannter Umgebung. Achten Sie deshalb darauf, dass Ihr Kind beim Üben nicht gestört und nicht abgelenkt wird. Überlegen Sie mit ihm zusammen, wann die **beste Zeit zum Üben** ist. Jeder Mensch hat seine persönliche Lernzeit und man kann sich nicht zu jeder Uhrzeit gleich gut konzentrieren.

→ Planen Sie genug Zeit zum Nachdenken und Korrigieren ein. Kurzes, regelmäßiges Üben ist sinnvoller, als seltene, aber lange Lerntage. Das Üben sollte deshalb am Tag nicht länger als 15 Minuten dauern.

→ Achten Sie darauf, dass innerhalb einer Lerneinheit **immer nur ein Rechtschreibphänomen trainiert wird** und üben Sie ähnliche Schreibweisen nicht hintereinander. Sonst ist die Gefahr groß, dass Ihr Kind diese miteinander verwechselt. Lernt es etwa Wörter mit Dehnungs-h, sollte es sich nicht sofort danach Wörter mit doppeltem Vokal vornehmen. Um eine solche **Ähnlichkeitshemmung** zu **vermeiden**, müssen immer mehrere Tage zwischen dem Üben von ähnlichen Schreibweisen liegen.

→ Vor dem Diktieren ist es sinnvoll, dass Ihr **Kind** den **Text selbst liest** und **einmal abschreibt**. So kann es sich das Schriftbild der Wörter verinnerlichen.

→ Bevor Sie das ganze Diktat vorlesen, können Sie zunächst die grünen **Lernwörter** einzeln **diktieren**. So wecken Sie bei Ihrem Kind das Bewusstsein für das zu übende Problem.

→ Diktieren Sie keine zu langen Textabschnitte. Am besten **orientieren** Sie sich an den **Längsstrichen** im Text, die das Diktat in einzelne **Diktierabschnitte** gliedern.

→ Lesen Sie beim Diktieren **langsam**, **deutlich** und **betont** vor. Die Satzzeichen werden mitdiktiert, sofern sie nicht der Übungsschwerpunkt sind.

→ Die **unterstrichenen Wörter** können Sie **buchstabieren**, da es sich hier um schwierige Wörter handelt, die Ihr Kind in der Regel noch nicht schreiben kann.

→ Am Ende sollte Ihr Kind sein Diktat immer noch einmal in Ruhe selbst kontrollieren können. So fördern Sie die **Fähigkeit** zur **Selbstkontrolle**, die in der Schule und im Alltag eine wichtige Rolle spielt.

Schreiben üben – aber richtig!

→ Schauen Sie sich den Text Ihres Kindes nach dem Üben noch einmal genau an. Anhand der gemachten Fehler können Sie erkennen, was genau es noch üben muss. Nach einiger Zeit können Sie das Diktat noch einmal mit Ihrem Kind wiederholen.

→ **Loben** Sie Ihr Kind! Eine **positive** Rückmeldung motiviert und nimmt Ihrem Kind die Angst davor, etwas falsch zu machen.

Diktieren wie in der Schule

Diktieren Sie den Text so, wie es auch die Lehrerin oder der Lehrer tut. Die meisten gehen dabei so vor:

1. Der Text wird mit der Überschrift einmal vorgelesen. Die Kinder lernen so den Text kennen und erfahren, worum es darin geht.

2. Dann wird ein ganzer Satz vorgelesen. Die Kinder lernen den Satz und seine Struktur kennen.

3. Ist der Satz zu lang, wird er in einzelnen Abschnitten diktiert, die die Kinder aufschreiben.

4. Der nächste Satz wird wieder zuerst vorgelesen und dann in Abschnitten diktiert. Die Schritte 2 und 3 wiederholen sich, bis das Diktat fertig ist.

5. Zum Schluss wird der Text noch einmal ganz vorgelesen.

6. Anschließend haben die Kinder Zeit, ihren Text zu kontrollieren und Fehler zu verbessern.

Liebe Schülerin, lieber Schüler,

Diktate richtig zu schreiben ist leichter, als du vielleicht denkst. Hier findest du ein paar Tipps, die dir dabei helfen.

Worauf musst du während eines Diktats achten?

Was wird vorgelesen? Höre beim Vorlesen genau zu. So lernst du den Text und den Aufbau der Sätze kennen. Wenn du weißt, worum es geht, fällt das Aufschreiben beim Diktieren leichter.

Wie wird vorgelesen? Achte genau darauf, wie die Wörter ausgesprochen werden. Sind die Laute kurz oder lang? Wie lauten die Vor- und die Nachsilben? Wie lauten die Endungen?

Gut nachdenken! Überlege, ob die Wörter groß- oder kleingeschrieben werden und ob es eine Rechtschreibregel gibt, die du anwenden kannst. Überlege aber nicht zu lang, denn das Diktat geht ja weiter!

Schwierige Wörter markieren! Wenn du dir unsicher bist, wie ein Wort geschrieben wird, markiere es. Später kannst du es dir dann noch einmal in Ruhe anschauen und überlegen, welche Regel dir beim Schreiben helfen könnte.

Lücken lassen! Hast du ein Wort nicht verstanden, lässt du eine Lücke. Wird der Text noch einmal vorgelesen, kannst du das Wort ergänzen.

Wie kontrollierst du ein Diktat richtig?

Lies deinen ganzen Text genau! Sind alle Satzanfänge großgeschrieben? Fehlt kein Satzschlusszeichen? Macht jeder Satz Sinn? Ist jeder Satz vollständig? Hast du kein Wort vergessen?

Lies das Diktat rückwärts Wort für Wort! Sind alle Wörter vollständig? Hast du keinen Buchstaben vergessen? Hast du keine Buchstaben verdreht?

Prüfe schwierige Wörter! Wird das Wort groß- oder kleingeschrieben? Kennst du eine Regel, mit der du die richtige Schreibweise herausfinden kannst? Kannst du das Wort verlängern? Kennst du ein verwandtes Wort?

Viel Erfolg!

Großschreibung am Satzanfang

→ **Das erste Wort eines Satzes** wird immer großgeschrieben.

Konstantin spielt Fußball. **E**r ist Torwart.

Kann er den Ball halten? **E**r schafft es!

1 Der Eindringling

Tim ist alleine im Haus. | Er hat Langeweile. | Da hört er | ein Geräusch. | Tim lauscht. | Es kommt | aus der Küche. | Ist da jemand? | Er geht zur Tür. | Langsam öffnet er sie. | Was ist das? | Eine Taube ist in die Küche geflogen! | Tim lacht. | Die tut nichts!

46 Wörter

2 Wo ist Ben?

Suse sucht Ben. | Ben ist Suses Hamster. | Sie schaut überall nach. | Aber sie findet ihn nicht. | Wo kann er sein? | Vielleicht hat ihn | die Katze gefressen! | Suse weint. | Schau mal, Suse! | Da ist er! | Ben sitzt in der Obstschale. | Er k n a b b e r t einen Apfel. | So ein Schlingel!

46 Wörter

→ **Eigennamen** schreibst du groß.

Moritz **S**chäfer **K**lara **F**ranken **B**ello

1 Zu spät!

Die zweite Klasse macht | mit ihrem Lehrer Herrn Klein | einen Ausflug. | Doch der Bus | kann nicht fahren! | Es fehlen noch | David Bach, | Anna Müller, | Timo Bauer | und Nora Keller. | Da kommt endlich | Herr Müller mit den Kindern | im Auto angebraust. | Er hat verschlafen!

43 Wörter

2 Einladung zum Grillfest

Zum Grillfest | bei Familie Schuster | sind eingeladen: | Herr Moser | und sein Sohn Max, | Onkel Peter | und Tante Greta, | Frau Schmitz, | Familie Grün, | Herr und Frau Krieger | und Familie Hering. | Auch Kater Karl | und die Hundedame Susi | feiern mit.

38 Wörter

Nomen (Namenwörter)

→ **Nomen** (Namenwörter) bezeichnen Personen, Tiere, Pflanzen oder Dinge. Sie benennen auch Gefühle, Vorstellungen und Gedanken. Nomen schreibst du immer groß. Sie haben einen Artikel (Begleiter) und können in der Einzahl oder in der Mehrzahl stehen.

der **J**unge   die **K**atze   das **R**ad   der **Ä**rger

ein **A**uto   eine **F**rau   zwei **K**inder   viele **R**äder

1 Der Umzug

Die Familie Berger | zieht um. | Lotta räumt alle Sachen | aus dem Kinderzimmer | in die Umzugskisten: | das Spielzeug, | den Ball, | die Puppe, | die Kleider, | die Bücher | und die anderen Dinge. | Der Vater baut | das Bett, | den Tisch | und den Schrank ab. | Jetzt ist der Raum leer. | Aber bald hat Lotta | ja ein neues Zimmer!

53 Wörter

2 Was ist los?

Peter hat eine Idee. | Maria hat | einen Traum. | Peter schmiedet | einen Plan. | Jan denkt | an die Zukunft. | Suse macht sich Sorgen. | Tom hat Kummer. | Jonas macht sich Gedanken. | Lene hat Glück. | Rosa packt die Wut.

35 Wörter

! Nomen können auch ohne Artikel stehen.

→ Zwei Nomen (Namenwörter) kannst du oft zu einem neuen Nomen zusammensetzen. **Zusammengesetzte Nomen** schreibst du groß.

die **Milch** + die **Kuh** = die **Milchkuh**

das **Eis** + die **Waffel** = die **Eiswaffel**

1 Wörterschlange

das Burgtor | die Torwand | die Wanduhr | die Uhrzeit | die Zeitreise | die Reisetasche | das Taschengeld | der Geldschatz | die Schatzinsel | der Inselbewohner

20 Wörter

! Überlege dir doch selbst einmal eine Wörterschlange!

2 Betreten verboten!

Tobi schaut | durch das Astloch | im Bretterzaun. | Dahinter wird | ein neues Bürohaus gebaut. | Ein Lastwagen kommt | und schüttet einen Sandberg auf. | Ein Baggerfahrer | mit Schutzhelm | spricht in ein Funkgerät. | Er gibt dem Kranführer | in seinem Führerhaus Anweisungen. | Überall liegen Holzlatten. | Da kann man bestimmt | prima spielen! | Doch Kinder | dürfen das Gelände | leider nicht betreten.

54 Wörter

Wochentage und Monatsnamen

→ **Wochentage** und **Monatsnamen** werden großgeschrieben.

Sonntag der **M**ontag im **J**uni

1 Schulfrei!

Sommerferien sind im | Juni, Juli, | August oder September. | Im Dezember und Januar | haben alle Winterferien. | Die Herbstferien fallen | in den Oktober. | Ostern liegt im März | oder April.

27 Wörter

2 Die Verabredung

Klaus und Ali wollen sich | auf dem Spielplatz verabreden. | Doch an welchem Tag? | Am Montag und am Freitag | spielt Ali Fußball. | Am Dienstag ist Klaus | bei seiner Oma. | Am Donnerstag | spielt er Handball. | Samstag und Sonntag | geht es auch nicht. | Es bleibt nur | der Mittwoch. | Prima, da haben beide Zeit!

50 Wörter

3 Das Jahr der Braunbären

Im Januar, Februar oder März | kommen die kleinen Braunbären | auf die Welt. | Im Mai verlassen sie | die Höhle. | Ab Juni begleiten sie | ihre Mutter bei der Futtersuche. | Spätestens im Dezember | beginnt die Winterruhe. | Im April | kommen sie wieder | aus der Höhle heraus.

42 Wörter

→ **Verben** (Tunwörter) geben an, was Personen, Tiere, Pflanzen oder Gegenstände tun oder was geschieht. Verben schreibst du klein.

Der Junge **spielt**. Die Blume **blüht**. Der Pullover **kratzt**.

Es **schneit**. Es **regnet**.

1 Auf dem Sportplatz

Ich laufe über den Rasen.
Du rennst schneller!
Mia düst über die Bahn.
Peter schleicht hinterher.
Wir traben langsam eine Runde.
Ihr saust an uns vorbei.
Die Jungen flitzen um den Sportplatz.

32 Wörter

! Verben verändern ihre Form, je nachdem, wer etwas tut.

2 Im Wald bei den Zwergen

Die Zwerge bekommen heute | Besuch von der Prinzessin. | Nun räumen sie | eilig die Hütte auf: | Sie waschen und spülen, | sie machen die Betten | und fegen. | Sie wischen und kehren, | bis alles blitzt. | Dann kochen sie eine Suppe | und backen einen Kuchen. | Hoffentlich kommt sie bald!

45 Wörter

Adjektive (Wiewörter)

→ **Adjektive** (Wiewörter) beschreiben ein Nomen (Namenwort) oder ein Verb (Tunwort) näher. Sie sagen aus, wie Personen, Tiere, Pflanzen oder Dinge sind. Oder sie beschreiben, wie etwas geschieht oder getan wird. Adjektive werden immer kleingeschrieben.

der **kleine** Hund   Die Katze ist **süß**.

Das Pferd rennt **schnell**.

1 Wer bin ich?

a) Ich bin grau, | groß, | stark | und habe einen Rüssel.
b) Ich bin rot, | süß, | rund, | fruchtig | und schmecke lecker.
c) Ich habe lange, | spitze Dornen, | rote Blätter | und dufte gut.

Lösung: a) Elefant, b) Apfel, c) Rose

28 Wörter

2 Opas Geheimnis

Kalle klettert heimlich | auf Opas Dachboden. | Dort oben ist es dunkel und dreckig. | In einem braunen Koffer | findet Kalle dicke Bücher. | Aber was ist | in der mächtigen Holztruhe? | Er öffnet vorsichtig | den schweren Deckel. | Da liegen ein rostiger <u>Kompass</u>, | ein schmutziges Fernglas | und eine seltsame Karte! | Hat Opa etwa | einen geheimen Schatz versteckt?

53 Wörter

Wörter mit Ö/ö und Ü/ü

→ Aus **O/o** und **U/u** können die Umlaute **Ö/ö** und **Ü/ü** werden.

der H**u**t – die H**ü**te   das L**o**ch – l**ö**chern

Aber es gibt auch Wörter mit **Ö/ö** und **Ü/ü**, die keinen Verwandten mit **O/o** und **U/u** haben.

das **Ö**l   bl**ö**d   s**ü**ß   die T**ü**te

1 Kurzdiktat

Zwölf böse Löwen | dösen in der Höhle.
Fünf süße Küken | hüpfen über den Hügel.
Die schöne Königin | hört gerne Flötenmusik.
Die blöde Mücke | stürzt sich | auf die Kuchenstücke.

28 Wörter

2 Die Störche kommen!

Ab März wohnen | Störche in unseren Dörfern. | Der Storch ist einer | der größten Vögel | in Deutschland. | Mit seinen breiten Flügeln | segelt er durch die Lüfte. | Sein Nest baut er | oft in großer Höhe: | auf Dächern, | Türmen oder Masten. | Er frisst Frösche | und andere kleine Tiere. | Im Herbst fliegt er | in den Süden, | um zu überwintern.

55 Wörter

Wörter mit Ä/ä

→ **Ä/ä** und **E/e** klingen oft ähnlich. Die meisten Wörter mit **Ä/ä** sind mit einem Wort mit **A/a** verwandt. Suche deshalb nach anderen Wörtern aus der Wortfamilie.

die H**a**nd – die H**ä**nde   k**a**lt – k**ä**lter   st**a**rk – die St**ä**rke

1 Unser Apfelbaum

Im Garten | wächst ein Apfelbaum. | Er hat eine mächtige Baumkrone. | Viele Tiere wohnen darin. | Im Frühling trägt er | weiße Blüten. | Im Sommer hängen | die Äste voller Äpfel. | Im Herbst färben sich | seine Blätter braun. | Wenn es dann kälter wird, | verliert er die Blätter.

43 Wörter

2 Wer lärmt da im Wald?

Der Bär ist sauer. | Woher kommt der Lärm | am frühen Morgen? | Der Käfer fliegt los | und schaut nach. | Da ist ein Mädchen | mit einer Säge. | So ein Käse! | Der Bär gähnt | und geht wieder schlafen.

35 Wörter

! Nur wenige Wörter mit **ä** haben keinen Verwandten mit **a**. Diese Wörter musst du lernen.

→ **Äu/äu** und **Eu/eu** klingen gleich. Die meisten Wörter mit **Äu/äu** sind mit einem Wort mit **Au/au** verwandt. Suche deshalb nach anderen Wörtern aus der Wortfamilie.

die L**au**s – die L**äu**se das H**au**s – das H**äu**schen

s**au**er – die S**äu**re

1 Kurzdiktat

Die Läufer | laufen schnell. |
Das Gebäude | wird umgebaut. |
Der Räuber raubt | die Bank aus. |
Die Verkäuferin arbeitet | im Kaufhaus. |
In alten Häusern | hausen Mäuse.

24 Wörter

2 Monas Traum

Mona träumt. | In ihrem Traum | ist sie eine Maus. | Sie hat ein bräunliches Fell | und schwarze Knopfäuglein. | Die Maus Mona läuft | durch die Räume der Wohnung. | Die Stühle sind groß wie Bäume. | Die Pflanzen sind dichte Sträucher. | Achtung, | da kommt die Katze! | Sie ist auf Mäusejagd. | Vor Schreck wacht Mona auf. | Was für ein Traum!

55 Wörter

Wörter mit Eu/eu

→ **Eu/eu** und **Äu/äu** sind leicht zu verwechseln. Ob ein Wort mit **Äu/äu** geschrieben wird, kannst du herausfinden, indem du nach verwandten Wörtern mit **Au/au** suchst. Wörter mit **Eu/eu** musst du lernen.

die L**eu**te   sch**eu**   erb**eu**ten

1 Kurzdiktat

die Eule | die Beule | die Freundin | der Euro | freuen | scheu | neu | das Feuer | teuer | neun

15 Wörter

2 Besuch auf dem Bauernhof

Tom freut sich. | Heute besucht er Paul | auf dem Bauernhof. | Paul ist sein bester Freund. | Im Schweinestall | zeigt Paul ihm die Ferkel. | Es sind neun Stück. | In der Scheune | spielen die Jungen im Heu. | Da kommt Pauls Vater | auf dem neuen Traktor. | Steigt auf! | Ich drehe mit euch | eine Runde!

50 Wörter

! Vor dem Diktat kannst du die markierten Lernwörter auch erst einmal einzeln üben.

d oder t?

→ Am Wort- oder Silbenende klingen **d** und **t** gleich. Um die richtige Schreibweise herauszufinden, kannst du das Wort verlängern oder nach einem verwandten Wort suchen.

das Hem**d** – die Hem**d**en　　spä**t** – spä**t**er

die Wu**t** – wü**t**end

1 Kurzdiktat

der Hut, die Hüte | das Rad, die Räder | der Mut, mutig | gesund, gesünder | die Tat, der Täter | alt, das Alter

20 Wörter

2 Eine Nacht im Zelt

Karl und Toni | schlafen im Zelt. | In der Nacht | wacht Toni frierend auf. | Am Himmel scheint der Mond. | Aber was ist das? | Auf die Wand | fällt ein riesiger Schatten! | Er sieht aus | wie ein Geist! | Da muss | Toni laut lachen. | Es ist nur Mo, | der Hund des Nachbarn!

48 Wörter

b oder p?

→ Am Wort- oder Silbenende klingen **b** und **p** gleich. Du kannst das Wort verlängern oder ein verwandtes Wort suchen, um die richtige Schreibweise herauszufinden.

der Sta**b** – die Stä**be** er lo**bt** – lo**ben**

1 Post aus dem Urlaub

Hallo Suse, |

viele Grüße aus dem Urlaub! | Hier gibt es sehr viele Tiere. | Im Garten lebt | sogar eine Schlange! | Leider sind die Ferien | schon halb vorbei. | Hoffentlich schreibst du | mir auch eine Karte! |

Viele Grüße |
Laura

36 Wörter

2 Dumm gelaufen!

Gestern raubte ein Dieb | die Bank aus. | Der Räuber machte sich | mit dem Geld | aus dem Staub. | Auf der Flucht | rutschte er | auf dem Laub aus, | fiel hin und blieb | erschrocken liegen. | Die Polizei holte ihn ein | und der Dieb gab auf.

42 Wörter

g oder k?

→ Am Wort- oder Silbenende klingen **g** und **k** meist gleich. Du kannst das Wort verlängern oder ein verwandtes Wort suchen, um die richtige Schreibweise herauszufinden.

eine Bur**g** – zwei Bur**g**en　　　star**k** – die Stär**k**e

sie sa**g**t – sa**g**en

1 Der Tiger

Der Tiger | ist ein mächtiges Raubtier. | Er lebt im Dschungel, wo es feucht | und schattig ist. | Der Tiger ist sehr stark | und wiegt bis zu | 280 Kilogramm. | Kein Tier wagt es, | ihn anzugreifen. | Am Tag | liegt er meist faul | in der Sonne. | Nachts jagt er seine Beute.

47 Wörter

2 Der starke Ole

Ole ist das stärkste Kind | in der Klasse. | Er ist stärker | als der Lehrer. | Er kann den Schrank | alleine heben. | Beim Ballwurf besiegt er | die Jungen aus der 4. Klasse. | Auf dem Hof | trägt er die Bank, | auch wenn Kati | auf dieser liegt. | Mit Ole ist es | immer lustig!

49 Wörter

Wörter mit ng

→ Bei Wörtern mit **ng** musst du genau hinhören. Sie klingen so ähnlich wie Wörter mit **nk**. Steht **ng** am Wortende, kannst du das Wort auch verlängern oder ein verwandtes Wort suchen.

er si**ngt** – si**ng**en der Ga**ng** – die Gä**ng**e

1 Kurzdiktat

Der Junge springt | vom Sprungbrett. | Mit der Angel | fängst du Fische. | Sie trägt | einen goldenen Ring | am Finger.

18 Wörter

2 Der Frühling

Der Winter war lang und kalt. | Aber jetzt ist endlich Frühling! | An den Ästen | hängen schöne Blüten. | Hörst du den Gesang der Vögel? | Schau mal, | da springt ein kleiner Hase | über die Wiese! | Ich glaube, | er ist noch ganz jung!

40 Wörter

3 Der Streich

Die Jungen haben Langeweile. | „Wir können | einen Klingelstreich machen!", | schlägt Andreas vor. | Alle sind begeistert. | Andreas fängt | bei Herrn Engel an. | Er klingelt | und die Jungen rennen weg. | Da springt schon die Tür auf! | „Ihr dummen Bengel", | ruft Herr Engel böse, | „ich ziehe euch | die Ohren lang!"

47 Wörter

→ Nur wenige Wörter werden mit einem **X/x** geschrieben. Du musst sie dir gut merken.

die He**x**e das **X**ylofon die A**x**t

1 Kurzdiktat

Der Taxifahrer | putzt sein Taxi. |
Die Hexe | murmelt Hexensprüche. |
Mit dem Mixer | mixe ich einen Kuchenteig. |
Max hat einen | schönen Text geschrieben!

22 Wörter

2 Die Hexenprüfung

Maxi hat heute Hexenprüfung. | Sie muss einen Liebestrank mixen | und eine Axt | in einen Käfer verwandeln. | Beide Zaubersprüche | hat sie extra geübt. | Doch jetzt ist es | wie verhext. | Vor lauter Aufregung | fällt ihr der Text nicht ein! | Maxi ist fix und fertig, | doch zum Glück | erinnert sie sich. | Prüfung bestanden!

50 Wörter

Wörter mit V/v

→ **V/v** und **F/f** klingen oft gleich. Aber nur wenige Wörter werden mit **V/v** geschrieben. Diese Wörter musst du dir merken.

der **V**ogel   **v**erlieren   der **V**ater   **v**ier

1 Kurzdiktat

vier | vierzig | vor | der Verband | voll |
das Volk | vielleicht | der Verstand | viel |
der Vater | der Vogel | das Versteck

18 Wörter

2 Das Vogelhaus

Tom hat mit seinem Vater | ein Vogelhaus gebaut. | Es hängt jetzt am Baum | vor dem Haus. | Tom hat eine Schale | voll Körner hineingestellt. | Wenn es schneit, | kommen viele Vögel vorbei. | Von der Küche aus | kann Tom sie beobachten. | Heute hat er | schon vierzehn Stück gezählt!

45 Wörter

Wörter mit Qu/qu

→ Der Laut (kw) wird **Qu/qu** geschrieben.

die **Qu**elle   be**qu**em   **qu**atschen

1 Kurzdiktat

die Qualle | die Quelle | der Quark | der Quatsch | die Qual | das Quadrat | quer | quälen | quieken | quietschen | quasseln

17 Wörter

2 Es brennt!

Im Nachbarhaus brennt es. | Schwarzer Rauch quillt | aus den Fenstern. | Die Bewohner | laufen hinaus. | Flammen schlagen hoch. | Alles ist voller Qualm. | Da kommt schon die Feuerwehr! | Mit quietschenden Reifen | halten die Wagen | quer vor dem Haus. | Die Löscharbeiten beginnen. | Jetzt qualmt es | schon viel weniger. | Bald ist das Feuer gelöscht.

50 Wörter

3 In der Pause

Sara quatscht mit Anna. | Leo quasselt mit Tim. | Rita quietscht. | Mark hat sie gekniffen! | Susi quengelt. | Sie mag keinen Quark | auf dem Brot. | Malte quetscht zwei Bücher | in das volle Regal. | Da kommt die Lehrerin. | Die Stunde beginnt | mit einem Tierquiz.

41 Wörter

Wörter mit Ch/ch und Sch/sch

→ **Ch/ch** klingt manchmal wie **Sch/sch**. Wenn du die Wörter deutlich sprichst, kannst du den Unterschied aber leicht hören.

lei**ch**t das Da**ch** **sch**ön

1 Kurzdiktat

Wenn Drachen lachen, | kann das Krach machen!
„So ein Pech!“, | ruft der Hecht | und der Wicht | kichert frech.
Wenn Muscheln kuscheln, | beginnen Fische | zu tuscheln.

25 Wörter

2 Der Streich

Was ist nur | mit den Mädchen los? | Sie kichern | hinter ihren Büchern | und folgen | dem Unterricht nicht. | Die Lehrerin klappt die Tafel auf. | Sie lächelt. | Auf die rechte Seite | ist ein Gesicht gezeichnet. | Es sieht ihr ähnlich. | Wer das wohl gezeichnet hat?

42 Wörter

3 Ganz schön sauber!

Schweine baden | gerne im Schlamm. | Bei Sonnenschein | schützt der Schmutz | ihre Haut vor Sonnenbrand. | Ist der Dreck getrocknet, | scheuern sie ihn ab. | So werden sie Ungeziefer los. | Ein Schlammbad | macht Schweine | also schön sauber!

34 Wörter

Wörter mit Sp/sp und St/st

→ Du hörst (schp) und schreibst **Sp/sp**. Oder du hörst (scht) und schreibst **St/st**.

das **Sp**iel **sp**rechen der **St**ock **st**ehlen

1 Das Fußballspiel

Auf dem Sportplatz | ist das Endspiel | in vollem Gange. | Jonas hat den Ball. | Er spurtet | auf das Tor zu. | Doch ein Spieler | der anderen Mannschaft | rennt hinterher. | Die Zuschauer springen auf. | Ist das spannend! | Der Spieler schießt. | „Tor!“, | schreit der Sprecher | in das Mikrofon. | Das war spitze!

47 Wörter

2 Der große Streit

Stefan und Anton streiten. | „Du Strohbirne!“, | schreit Anton. | Stefan gibt ihm | einen Stoß. | Anton stolpert | und stürzt auf die Straße. | Er stöhnt. | Auf seiner Stirn | ist ein Kratzer. | Langsam steht er auf. | „Tut mir leid!“, | stammelt Stefan. | „Schon gut“, | brummt Anton. | „Wir begraben besser den Streit!“ | Das findet Stefan auch.

50 Wörter

Wörter mit r nach Selbstlaut oder Umlaut

→ Folgt ein **r** auf einen Selbstlaut (Vokal) oder Umlaut, ist es oft nur schwer zu hören. Wenn du das Wort deutlich sprichst, kannst du das **r** aber leicht erkennen.

das Wort   die Karte   der Vater   zwitschern

1 Kurzdiktat

die Sorte, die Torte | der Wurm, der Turm | klammern, jammern | das Wort, der Sport | warten, starten | die Wurst, der Durst

20 Wörter

2 Geisterstunde

Draußen ist es finster. | Ein Sturm tobt. | Es ist die Zeit | der Geister und Vampire! | Sie klettern aus ihren Verstecken | und warten auf ihre Opfer. | Hörst du ihr Jammern? | Aber hab keine Furcht! | Es ist kurz vor eins. | Bald ist die Geisterstunde vorbei!

43 Wörter

3 Der Bücherwurm

In meinem Arbeitszimmer | lebt ein Bücherwurm. | Am liebsten knabbert er | an den Wörterbüchern. | Er futtert aber auch | andere Sorten: | zum Beispiel Bilderbücher | oder Liederhefte. | Gestern hat er | sogar eine Landkarte gekostet. | Nur Mathebücher mag er nicht. | Die Zahlen liegen ihm | zu schwer im Magen.

44 Wörter

Lang gesprochene Selbstlaute und Umlaute

→ Selbstlaute (Vokale) und Umlaute werden kurz oder lang gesprochen. Viele Wörter mit langem Selbstlaut oder Umlaut werden geschrieben, wie man sie spricht.

der Tag   die Hose   sagen   grün

1 Der magische Hut

Was holt der Magier | aus dem magischen Hut? | Einen rasenden Hasen | und ein rotes Tuch, | einen rosa Wal | und ein schweres Buch, | ein müdes Lama | und ein grünes Schwein. | Das kann nicht sein! | Jetzt ist es gut!

37 Wörter

2 Wer lebt im Baum?

Rund um den Baum | kannst du eine Menge Lebewesen | entdecken: | In der Krone | leben Vögel und Fledermäuse. | Käfer krabbeln über die Rinde. | Ein Igel | versteckt sich | am Fuß des Baumes. | Unter der Erde | haben Hasen | einen Bau gebuddelt | und Regenwürmer | graben sich | durch den Boden.

45 Wörter

Wörter mit Dehnungs-h

→ Oft folgt auf einen lang gesprochenen Selbstlaut (Vokal) oder Umlaut ein **h**. Man nennt es **Dehnungs-h**. Du kannst es nicht hören. Wörter mit einem Dehnungs-h musst du lernen.

der S**oh**n der Fr**üh**ling l**ah**m **ih**r st**eh**len

1 Das Wochenende

Die Kinder erzählen | von ihrem Wochenende: | Mia hat ein zahmes Huhn gestreichelt. | Lars hat eine Höhle | im Wald entdeckt. | Moni hat einen Zahn verloren. | Und Peter ist mit der Bahn | in die Stadt gefahren. | Die Lehrerin staunt: | „Ihr habt ja sehr viel erlebt!“

43 Wörter

2 Die ehrliche Finderin

Toni soll im Supermarkt | Sahne und Mehl kaufen. | An der Kasse | will er bezahlen. | Doch die zehn Euro sind weg! | Aufgeregt wühlt er | in der Tasche. | „Suchst du den?“ | Neben Toni | steht eine Frau | und hält ihm | den Geldschein hin. | Toni nickt erleichtert: | „Der ist mir wohl | aus der Tasche gefallen!“

51 Wörter

! Es gibt nur ganz wenige Wörter mit **ih**. Du kannst sie dir leicht merken: **ihm**, **ihn**, **ihnen**, **ihr** und **ihre**.

Wörter mit ie und langem i ohne Kennzeichnung

→ Meist wird das lang gesprochene **i** als **ie** geschrieben.

der Spi**e**gel wi**e**gen **sie** gi**e**rig

Nur wenige Wörter haben ein lang gesprochenes **i** ohne Kennzeichnung.

der T**i**ger m**i**r der **I**gel

1 Das Handballspiel

Paul hat heute | ein wichtiges Handballspiel. | Der Sieger bekommt | einen riesigen Pokal. | Paul und die anderen | ziehen die Trikots an. | Dann beginnt das Spiel. | Die Jungen spielen gut. | Jetzt sind es noch vier Minuten. | Pauls Mannschaft | hat sieben Punkte Vorsprung. | Das Spiel ist aus. | Sie haben gesiegt!

47 Wörter

2 Quatschdiktat

Der Biber und der Igel | besuchen den Tiger. | „Wir haben dir | etwas mitgebracht!“, | ruft der Biber | schon an der Tür. | Der Tiger packt | das Geschenk aus: | Es ist ein Liter | Apfelsinensaft! | „Der schmeckt mir | am besten!“, | freut sich der Tiger.

40 Wörter

! Die Diktate mit **ie** und langem **i** ohne Kennzeichnung solltest du nicht direkt hintereinander üben.

Wörter mit doppeltem Selbstlaut

→ Manche Wörter werden mit **aa**, **ee** oder **oo** geschrieben. Diese doppelten Selbstlaute (Vokale) werden lang gesprochen.

das H**aa**r   der S**ee**   das B**oo**t

1 Kurzdiktat

das Beet | das Heer | die Himbeere | der Saal | der Aal | der Klee | der Teer | das Boot | das Paar | leer | das Moos | das Haar

23 Wörter

2 Im Winter

Die Fee schaut | aus dem Fenster. |
Das Blumenbeet | liegt voller Schnee. |
Die Fee mag | den Sommer lieber. |
Dann fährt sie | mit dem Boot | über
den See | oder sie fliegt ans Meer | oder
sie geht in den Zoo. | Die Fee seufzt |
und trinkt einen Tee aus Beeren. |
Danach baut sie einen Schneemann.

51 Wörter

! Es gibt keine Regel, nach der du Wörter mit doppeltem Selbstlaut erkennen kannst. Du musst sie dir merken.

Wörter mit doppeltem Mitlaut

→ Auf einen kurz gesprochenen Selbstlaut (Vokal) folgen häufig **doppelte Mitlaute** (Konsonanten).

die Pu**pp**e　　die Ka**nn**e　　wi**ss**en　　stu**mm**

1 Urlaub am Strand

Die Bergers verbringen | den Sommer am Meer. | Anna und Klaus | schwimmen im Wasser. | Roland taucht | durch die Wellen. | Frau Berger sonnt sich. | Ihr Mann liegt im Schatten. | Sven buddelt im Sand. | Ina und Max | rennen um die Wette. | Wer zuerst beim Eismann ist, | hat gewonnen!

45 Wörter

2 Gerettet!

Die Bergers sitzen in der Sonne | und essen Kuchen. | Da hören sie | ein lautes Brummen. | Eine Hummel kreist über dem Essen. | Doch auf einmal | ist es still. | Der Brummer ist | in die Wasserkanne gefallen! | Schnell nimmt | Anna ihr Glas | und rettet das Tier. | So eine dumme Hummel!

47 Wörter

Wörter mit ck und tz

→ Die Mitlaute (Konsonanten) **k** und **z** werden in der Regel nicht verdoppelt. Auf einen kurzen Selbstlaut (Vokal) folgen dann meist **ck** oder **tz**.

der Rü**ck**en ti**ck**en die Ka**tz**e si**tz**en

1 Zu spät!

Tom wacht auf. | Neben ihm tickt der Wecker. | Wie spät ist es? | Oh Schreck! | Mama hat verschlafen. | Sie hat ihn nicht geweckt! | Fort mit der Decke! | Wo steckt | die zweite Socke? | Die Tasche | muss er auch noch packen! | Da ist die Jacke! | Wenn er Glück hat, | schafft er es | zur zweiten Stunde!

52 Wörter

2 Meine Katze

Meine Katze sitzt | auf der Fensterbank | und putzt ihr Fell. | Wenn ich sie streichle, | kitzelt sie mich | mit ihren Schnurrhaaren. | Doch sie kann auch beißen | und kratzen. | An ihren Tatzen | hat sie spitze Krallen. | Damit jagt sie | Mäuse oder Spatzen. | Die Krallen wetzt sie | an ihrem Kratzbaum. | So bleiben sie schön scharf!

52 Wörter

→ Der **s**-Laut kann stimmhaft wie in **Sonne** oder stimmlos wie in **Maus** klingen. Hörst du ein stimmhaftes **s**, schreibst du immer **s**.
Am Wortende klingt der s-Laut immer stimmlos. Hörst du nach dem Verlängern des Wortes ein stimmhaftes **s**, wird es mit **s** geschrieben.

das **S**ofa – der Ra**s**en die Mau**s** – die Mäu**s**e

1 Kurzdiktat

eine Laus, zwei Läuse | ein Los, zwei Lose | fies, fieser |
das Eis, eisig | die Gans, die Gänse | das Glas, die Gläser

21 Wörter

2 Im Baumhaus

Paul sitzt | im Baumhaus | und liest. | Neben ihm | liegt eine Dose
mit Käsebroten. | Da ruft ihn seine Mutter. | Ihr Sohn soll das Gras |
auf der Wiese mähen! | Aber Paul bleibt oben. | Er hat jetzt Pause!

35 Wörter

3 Ein echt mieser Tag

Zuerst hat der Riese | seine neue Hose | mit Eis bekleckert. |
Dann ist eine Maus | durch sein Haus gerast. | Und jetzt ist ihm |
ein Glas auf den Kies gefallen! | Der Tag ist wirklich mies!

33 Wörter

Wörter mit ß

→ Ist der s-Laut nach einem langen Selbstlaut (Vokal) oder einem Doppellaut stimmlos, folgt meist ein **ß**. Steht der s-Laut am Wortende, musst du das Wort verlängern, um die richtige Schreibweise herauszufinden.

der Spa**ß** schlie**ß**en wei**ß**

1 Kurzdiktat

der Spaß, spaßig | der Fuß, die Füße | süß, süßer | groß, größer | der Kloß, die Klöße | der Stoß, stoßen | heiß, heißer | der Ruß, rußig

23 Wörter

2 Post aus dem Zeltlager

Liebe Familie, |

wir haben hier viel Spaß! | Heute haben wir | ein Floß gebaut. | Als es zu heiß wurde, | waren wir schwimmen. | Dabei hat Linus sich | den Fuß gestoßen. | Das tat weh | und er war ganz weiß | im Gesicht. | Abends halten wir | Würstchen am Spieß | ins Lagerfeuer. | Die sind lecker! |

Viele Grüße |
Florian

52 Wörter

→ Folgt auf einen kurzen Selbstlaut (Vokal) oder Umlaut ein stimmloser s-Laut, schreibst du meistens **ss**.

kü**ss**en die Schü**ss**el das Ki**ss**en na**ss**

1 Was für ein Durcheinander!

Die Königin | isst den Frosch | und das Mädchen | küsst den Apfel. Die Schüssel | passt ins Schloss | und der Schlüssel | ist voller Nüsse. Der Prinz | reitet auf einem Fass | und der Wein | ist in einem Ross.

35 Wörter

2 Die Kissenschlacht

Jens bewirft Till | mit einem Kissen. | „Lass das!“, | brummt Till. | „Ich muss Schulaufgaben machen.“ | Aber Jens macht weiter. | Da fasst Till | nach einem Kissen | und wirft zurück. | „Macht ihr etwa | eine Kissenschlacht?“, | will die Mutter wissen. | „Damit ist jetzt Schluss! | Wir essen gleich!“

43 Wörter

Nomen mit -el, -en und -er

→ Manche Nomen (Namenwörter) enden auf **-el**, **-en** oder **-er**. Sprich diese Endungen deutlich aus, damit du sie genau hörst und richtig schreibst.

der Vog**el** der Knot**en** der Vat**er**

1 Im Zoo

Anna und Suse | sind im Zoo: | Der Elefant winkt mit dem Rüssel. | Die Affen toben | auf einer Schaukel. | Ein Vogel hat einen Fisch | im Schnabel. | Zum Schluss | essen sie eine Waffel | mit einer Kugel Eis.

35 Wörter

2 Ein teurer Spaß

Kai rast mit dem Einkaufswagen | durch den Laden. | Achtung! | Da steht | ein Kasten Saft im Weg! | Kai bremst, | doch es ist zu spät: | Mit lautem Krachen | fällt der Wagen um. | Alles kullert | über den Boden. | Der Verkäufer schimpft: | „Den Schaden musst du bezahlen!“

43 Wörter

3 Gibt es schwimmende Käfer?

Manche Käfer | können schwimmen. | Ihre Körper | sind an das Leben | im Wasser angepasst. | Ihre Beine sind | wie kleine Ruder. | Viele dieser Käfer | sind nicht nur gute Schwimmer. | Sie sind auch prima Flieger. | Einige werden | bis zu vier Zentimeter groß!

39 Wörter

Die Nachsilben -chen und -lein

→ Wortbausteine am Ende eines Wortes heißen **Nachsilben**. Die Nachsilben **-chen** und **-lein** kennzeichnen ein Nomen (Namenwort). Sie drücken eine Verkleinerung aus. Wörter mit diesen Nachsilben werden großgeschrieben, weil sie Nomen sind.

das Ent**lein** das Bäum**chen** das Wäld**chen**

1 Der winzige Riese

Beim winzigen Riesen | ist alles klein. | Er hat keine Riesenmütze, | sondern ein Mützchen, | keine Stiefel, | sondern Stiefelchen | und kein Hemd, | sondern ein Hemdlein. | Sein Bart ist ein Bärtlein, | sein Hände sind Händchen. | Nachts schläft er | in einem kleinen Bettchen. | Und sein bester Freund | ist ein Zwerg.

46 Wörter

2 So viele Tierkinder!

Suse ist ganz | aus dem Häuschen! | Auf dem Bauernhof | gibt es winzige Kätzchen | und süße Ferkelchen, | ein kleines Kälbchen | und kuschelige Häschen. | Hast du auch das niedliche Hündchen | und die weichen Schäflein gesehen?

33 Wörter

Die Vorsilben ver- und vor-

→ Wortbausteine am Anfang eines Wortes nennt man **Vorsilben**. Sie verändern die Bedeutung eines Wortes. Die Vorsilben **Ver-/ver-** und **Vor-/vor-** werden mit **V/v** geschrieben.

vermeiden der **Ver**kauf **vor**lesen die **Vor**führung

1 Das Zauberlabor

An Pias Tür | hängt seit heute | ein Schild: | Betreten verboten! | „Warum verrät sie uns nicht, | was sie macht?“, | fragt der Vater verwundert. | „Vielleicht versteckt sie | einen Verbrecher?“, | rätselt Pias Bruder. | Da kommt Pia | aus dem Zimmer. | Sie ist als Zauberer verkleidet. | „Das ist mein Zauberlabor. | Wer es betritt, | wird verzaubert!“, | verkündet sie vergnügt.

53 Wörter

2 Vorhang auf!

Heute gibt die Schule | eine Vorstellung für die Eltern. | Die Kinder haben sich | gut vorbereitet: | Sie werden vortanzen, | einen Sketch vorspielen | und ein Gedicht vortragen. | Die Eltern sind schon | voller Vorfreude. | Der Vorhang geht auf | und die Vorführung beginnt!

39 Wörter

→ Die Vorsilbe **Ent-/ent-** wird am Ende mit einem **t** geschrieben.

die **Ent**hüllung **ent**leeren **ent**laden

Aufpassen musst du bei den Wörtern, die zur Wortfamilie **Ende** gehören. Diese Wörter schreibst du mit **d**.

endlich **end**los

1 Alles muss raus!

Antons Mutter | entrümpelt den Keller. | Anton ist entsetzt. | Will sie das alles wegwerfen? | Gerade hat er | einen alten Fußball entdeckt. | „Den brauche ich noch!“, | ruft er entrüstet. | Doch der Entschluss seiner Mutter | steht fest: | „Der ist kaputt | und wird entsorgt!“ | Anton ist enttäuscht. | Nie darf er entscheiden!

47 Wörter

2 Die Verfolgungsjagd

Frau Müllers Hund wurde entführt! | Der Entführer ist | durch den Garten entwischt. | Doch die Polizei | ist sich sicher: | Der entkommt ihnen nicht. | Bei der Suche | entgeht ihnen kein Hinweis. | Schon bald haben sie | sein Versteck entdeckt. | Die Polizei gibt Entwarnung. | Der Entführer ist gefangen | und Bello ist zurück.

48 Wörter

Wortfamilie: schenken und bauen

→ Wörter aus einer **Wortfamilie** haben den gleichen **Wortstamm**. Deshalb werden sie meist gleich geschrieben.

schenken – das Ge**schenk** – ver**schenk**en

bauen – der **Bau**arbeiter – der Um**bau**

1 Das schöne Geschenk

Anna verschenkt | gerne Bücher. | Ihrer Freundin schenkt sie | zum Geburtstag | ihr Lieblingsbuch. | Sie packt es | in buntes Geschenk-papier ein. | Dann wickelt sie | ein schönes Geschenkband darum. | Hoffentlich gefällt ihr das Geschenk!

31 Wörter

2 Die gebaute Hütte

Tim und Ole | wollen ein Hütte bauen. | Das Baumaterial bekommen sie | von Oles Opa. | Dann legen sie los. | Sie haben einen genauen Bauplan. | Doch der Aufbau | ist nicht so leicht. | Da kommt Tims Vater. | „Ich glaube, | da müssen wir | noch etwas umbauen!“ | Mit seiner Hilfe | ist die Hütte | schnell aufgebaut.

50 Wörter

Wortfamilie: fahren und backen

→ Wörter aus einer **Wortfamilie** haben den gleichen **Wortstamm**. Manchmal kann sich der Wortstamm aber auch verändern. Dann musst du auf die richtige Schreibweise achten.

fahren – der **Fahr**er – aber: du **fähr**st

backen – die **Back**stube – aber: die **Bäck**erei

1 Besuch bei Oma

Lina fährt | mit dem Bus | zu ihrer Oma. | Der Bus kommt angefahren | und Lisa steigt ein. | Beim Busfahrer kauft sie | eine Fahrkarte. | Jetzt kann das große Fahrzeug losfahren. | An der Haltestelle | steht die Oma | mit ihrem Fahrrad. | Sie winkt. | „Hallo Lina! | Wie war die Fahrt?“

45 Wörter

2 Ein Plätzchen mit Überraschung

Toni backt Plätzchen. | Das Rezept steht | in seinem Backbuch. | Er verrührt die Zutaten. | Dann formt er | kleine Teigkugeln | und legt sie auf das Backblech. | Danach schiebt er alles | in den Backofen. | Wie das fertige Gebäck duftet! | Toni probiert und erstarrt: | Der kleine Bäcker | hat Zucker und Salz verwechselt!

48 Wörter

Wörter trennen nach Wortbausteinen

→ Zusammengesetzte Wörter und Wörter mit Vorsilben oder einer Nachsilbe kannst du leicht **trennen**.
Du kannst sie in ihre **Wortbausteine** zerlegen.

die Haus-tür das Kind-chen das Vor-wort

1 Kurzdiktat

das Haus-boot | der Kuh-stall | das Fern-rohr | der Maul-wurf | das Wurst-brot | der Vor-sprung | der Fuß-ball | das Ver-bot | der Schnee-mann | der Ent-wurf | das Vor-bild | das Kälb-chen | das Tisch-lein | der Vor-wurf | der Ent-schluss

30 Wörter

2 Auf dem Flohmarkt

Lara und Finn gehen | auf den Floh-markt. | Lara mag | das süße Stoff-tier | und den See-hund aus Plüsch. | Auch das Arm-band | mit dem Herz-chen | und das Fern-glas | gefallen ihr. | Finn findet das | alte Renn-rad besser. | Oder soll er sich lieber | die Spiel-burg kaufen?

42 Wörter

Wörter trennen nach Sprechsilben

→ Wörter, die aus mehreren Silben bestehen, kannst du nach Sprechsilben trennen.

der Pa-ra-dies-vo-gel die Rei-se-ta-sche

1 Kurzdiktat

Siehst du die Fle-der-maus?
Ist das die Wun-der-lam-pe | aus dem Mär-chen?
Lies uns | die Vam-pir-ge-schich-te vor!
Wir rei-sen | mit der Zeit-ma-schi-ne.

21 Wörter

2 Wo ist der Schatz?

Die Pi-ra-ten ha-ben | auf der ge-hei-men In-sel | den Gold-schatz ver-gra-ben. |
Doch sie ha-ben | die Kar-te ver-lo-ren! |
Jetzt fin-den sie | die Schatz-kis-te | nicht mehr. | Der Ka-pi-tän tobt. |
Dann be-ginnt er | wü-tend zu gra-ben. |
Ir-gend-wo muss sie doch sein!

37 Wörter

! Sprich dir die Wörter laut vor. Dann hörst du die einzelnen Silben leichter.

Fragesatz

→ Ein **Fragesatz** endet immer mit einem **Fragezeichen**.

Was machst du heute**?**

Leihst du mir das Buch**?**

1 Nach den Ferien

Wie geht es dir? | Wo warst du im Urlaub? | Bekommen wir eine andere Lehrerin? | Sitzt du neben mir? | Hast du nach der Schule schon etwas vor? | Wieso hast du nicht angerufen? | Warst du weg?

34 Wörter

2 So viele Fragen!

Suse hat einen kleinen Bruder. | Er fragt ihr ständig | Löcher in den Bauch. | „Warum sind Blätter grün? | Wieso ist Regen nass? | Ist ein Regenwurm kitzelig? | Und hat ein fliegender Fisch Flügel?“ | Langsam ist Suse genervt. | Woher soll sie | das denn alles wissen?

42 Wörter

3 Nachrichten aus dem All

Nils sitzt | neben einem Marsmännchen. | Er stellt ihm | eine Menge Fragen: | „Wie fliegt | eine fliegende Untertasse? | Auf welchem Planeten | wohnst du? | Und was isst du | am liebsten?“ | Doch bevor das Marsmännchen | antworten kann, | wacht Nils auf. | Schade!

37 Wörter

Aufforderungssatz und Ausrufesatz

→ **Aufforderungssätze** und **Ausrufesätze** enden immer mit einem **Ausrufezeichen**.

Lauf nicht weg**!**

Das ist ja wunderbar**!**

1 Kurzdiktat

Sei ruhig! | Sprich lauter! | Fahr schneller! | Geh nicht so langsam! | Vergiss es! | Denk daran! | Komm wieder! | Hau ab! | Das ist ja scheußlich! | So ein Mist! | Ist das lecker! | Autsch! | Da bist du ja endlich!

34 Wörter

2 Der lange Lauf

Katja ist beim Stadtlauf gestartet. | Ihre Freunde stehen an der Strecke. | Timo ruft: „Lauf Katja!“ | Mia schreit: | „Du schaffst das!“ | Ron kräht: | „Bald bist du am Ziel!“ | Ole feuert sie an: | „Halte durch!“ | Eva brüllt: | „Gib Gas!“ | Katja läuft über die Ziellinie. | Da steht ihr Trainer: | „Das war spitze!“

49 Wörter

! Alle Satzzeichen bis auf das Ausrufezeichen können mitdiktiert werden.